교정복지 도서

아이 곁에 아빠가 안계실 때

아이의 입장에서 이해하고 도움주기

신 연 희

양 성 원

머리말

머리말

••• 부모의 일로 말 못할 고민을 가진 아이의 편에서, 혹은 감당하기 버거운 어려움을 겪고 있는 양육자 및 보호자의 입장에서 도움을 줄 수 있는 방법은 무엇일까?

이 책은 부모가 교도소에 있는 동안 아이들을 위해 매일 매일 애쓰고 있는 모든 양육자 및 보호자에게 도움을 주는데 목적을 두고 있습니다. 아이들은 아빠(엄마)의 교도소 수용으로 가족과 떨어져 살아야 하고, 동시다발적으로 발생하는 수많은 어려움을 겪게 됩니다. 이 아이들 곁에서 아이들의 양육과 성장을 돕고 있는 양육자 및 보호자들 역시 어렵기는 마찬가지입니다. 이 책은 '수용자자녀의 양육자 및 보호자를 위한 양육안내서'로서 양육자 및 보호자들이 아이들의 상황을 바르게 이해하고, 아이들의 민감한 질문들에 대해 현명하게 답변하며, 나아가 아이들의 문제가 해결될 수 있도록 적절한 도움을 주는 것에 관한 가이드라인을 제공하고 있습니다. 아울러 아이들을 가까이서 만나게 되는 상담사, 사회복지사, 교사, 아동보호기관 종사자들도 아이들과의 대화에서 또는 양육자 및 보호자를 위한 교육에서도 이 책을 활용할 수 있을 것입니다.

교도소는 가정도 자녀들도 없는 특별한 사람들이 모인 곳이고, 부모가 교도소에 있는 아이들은 우리 사회의 아주 예외적인 사례로 생각하기 쉽습니다. 어쩌면 우리의 마음에는 교도소 수용자들을 우리와 '구분짓기'함으로써 범죄와 관련하여 발생하는 일련의 일들을 우리와는 전적으로 무관한 그들만의 일로 돌리려는 의도를 가지고 있을 수도 있습니다. 또한 부모가 교도소에 있는 아이들은 법에 의해 강제로 부모를 빼앗겼으므로 실상은 법 집행의 피해자이며 따라서 사회에 의해 양산된 특수취약계층 아동들임에도 불구하고 사회 안정 내지는 사회성원 다수의 이익이라는 명분하에 이들의 희생을 알려고 하지 않았고 그래서 아픔도 방치하였습니다.

우리 주변에는 지금 이 순간에도 23,000여명의 아이들이 부모를 교도소에 보낸 채 한쪽 또는 양쪽 부모 모두와 헤어져 살고 있습니다. 연간 48,000여명의 19세 미만 아이들(우리나라 19세 미만 인구 200명 당 한명에 해당)이 누적되어 가고 있습니다(신연희, 2016). 따라서 우리나라에서 부모의 교도소 수용으로 인해 성장기에 아픔을 겪게 되는 아동청소년들은 우리 주변과 이웃에도 상당히 있다고 보아야 합니다.

아빠(또는 엄마)와 헤어져 살아야 하는 것도 힘든 일인데 그 이유가 부모가 교도소에 수용되었기 때문이라면 아이들의 마음의 상처는 더욱 커집니다. '교도소에 수용된 이유는 무엇인지, 언제쯤 함께 살 수 있을지, 혹시 친구나 이웃사람이 아빠(엄마)에 대해 물어보면 어떻게 해야 하는 것인지, 생활비도 없는데 학교는 계속 다닐 수 있는 것인지' 등 아이들은 많은 고민을 하게 됩니다. 아이들의 고민에 대해 아이들을 돌보는 양육자보호자는 당황스러워합니다. 성인인 양육자나 보호자라고 해서 교도소와 관련된 사항을 잘 알고 있는 것이 아니기 때문입니다. 그래서 아이들이 힘들어 할 때 양육자보호자는 불편합니다. 아이에게 어떤 태도를 보여야 할지, 무엇을 말해야 할지, 어떻게 해야 도움을 줄 수 있는 것인지 모르기 때문입니다. 아이와의 대화가 때로는 아이는 물론이고 아이를 돌보는 양육자 및 보호자 모두에게 고통스러운 일이 될 수도 있습니다.

만약 아이와의 대화가 유익하다면 그 대화는 아이가 부모의 수용으로 인한 스트레스와 직면한 문제들에 대해 어떻게 대처하는 것이 적절할 것인지에 대해 도움을 줄 수 있습니다. 그러기 위해서는 아이들의 현실을 반영한 대화, 아이들의 심정을 고려한 대화, 아이들이 공감할 수 있는 대화이어야 합니다. 그리고 무엇보다도 아이의 편에서 아이의 마음을 무조건 수용하고 이해하려는 노력이 수반되어야 합니다. 이에 관한 가이드라인을 이 책의 내용으로 담았습니다.

이 책은 부모가 교도소에 있는 아이들의 생각을 조사하는 것으로 시작되었습니다. 수감된 아빠(엄마)를 만나기 위해 교도소 "가족사랑캠프"에 참여한 아이들의 궁금증이 무엇인지에 관한 의견을 모아 가장 궁금해 하는 질문문항 23개를 선정하였습니다. 저자는 양육자 및 보호자가 아이들의 입장을 이해하는데 도움이 될 수 있는 정보와 함께 아이들과의 대화에서 활용할 수 있도록 질문문항별로 가이드라인을 제시하였습니다. 이 일을 하는 과정에서 미국의 오래건 주와 애리조나 주에서 발간한 '수용자자녀를 위한 양육자 가이드북'을 참조하였습니다.[1] 이렇게 만들어진 '수용자자녀의 양육자보호자를 위한 양육안내서'는 전국 50개 교도소에서 수용자가족 업무를 담당하시는 교정공무원들께서 주신 검토의견과 교도소 수용자들이 부모의 마음에서 작성한 질문문항별 답변들을 참고하여 수정보완되었습니다.[2] 또한 수십 년 동안 수용자의 가족과 아이들을 위해 헌신해 온 교정자원봉사자들의 소중한 조언들도 내용에 포함시켰습니다. 아울러 이 책의 후반부(Part III)에서는 양육자 및 보호자가 아이를 위해 편리하게 이용할 수 있는 정보를 수록하였습니다. 여기에는 담 안에 있는 가족을 수발하거나 교도소를 방문하는 일련의 과정에서 알아두면 편리한 관련규정들을 이해하기 쉬운 내용으로 실었으며, 아이들 혹은

---

1) 오래건 주 발간 "How to Talk about Prisons with Children: A Caregiver's Guide"(Sazie & Ponder, 2010). 애리조나 주 발간 "Arizona Family Members Behind Bars, Difficult Question Children Ask and Answers that Might Help: A Caregiver's Guide to Arizona's Criminal Justice System from Arrest to Release"(Arizona's Children Association & Pima Prevention Partnership, 2011).

2) 교정공무원 대상 자료 수집은 2014.07.29 법무연수원에서, 수용자대상 자료 수집은 2015.04.14과 2015,12.16에 안양교도소에서 실시되었다.

양육자 및 보호자들이 어려움에 직면하였을 때 도움을 청할 수 있는 기관 및 프로그램들에 관한 내용도 담았습니다.

이 책을 활용함에 있어 고려해야 할 사항이 있습니다. 그것은 바로 아이가 부모의 수용사실을 알고 있는지의 여부이지요. 조사에 따르면 우리나라에서 수용자자녀들의 절반정도는 부모의 수용사실을 모르고 지낸다고 합니다(신연희 2016). 여러분 곁에 있는 아이들 역시 이에 해당할 수도 있습니다. 이 책은 부모가 교도소에 수용된 사실을 알고 있는 아이들에게 보다 적절한 내용으로 구성되어 있으며, 따라서 아이에게 아직까지 수용사실을 알리지 않았거나 앞으로도 알릴 의사가 없는 경우에는 부분적으로만 활용될 수 있을 것입니다.

책을 읽는 동안 여러분은 부모가 교도소에 있는 아이들의 아픔을 읽을 수 있을 것입니다. 또한 담 밖에 두고 온 아이들에 대한 아빠(엄마)들의 애틋한 소망도 느낄 수 있을 것입니다. 여기에 여러분의 사랑과 지혜를 더해 이 책을 활용하신다면, 아이들의 답답한 마음도 풀어주고 아이들이 밝게 성장하는데 따뜻한 도움도 줄 수 있을 것입니다.

– 아이들은 누구나 스스로 생각하고 꿈을 키워 나갈 수 있도록 도움을 받아야 할 인격체이고,
우리 사회를 더욱 밝게 이끌어 갈 귀중한 미래자산이다. –

"아이 곁에 아빠가 안계실 때"

– 아이의 입장에서 이해하고 도움주기 –

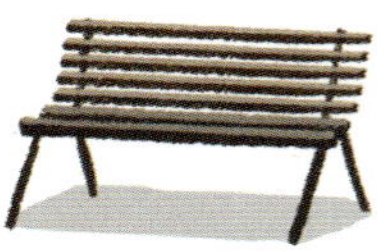

목 차

CONTENTS

PART II

PART I

아이들의 상황, 바르게 이해하기

아이들의 상황, 바르게 이해하기

1. 아이들의 상황과 보호의 원칙

••• 아빠(엄마)가 교도소에 있는 동안 아이들은 조금은 특별한 상황에 있게 됩니다. 부모의 수용과 직결되어 발생하는 극빈한 생활, 양육자 변경 및 주거 불안정, 학습 환경의 손상과 교육기회의 박탈, 불안 · 수치심 · 불면 · 우울감 · 죄책감과 같은 심리

적 불안정 등은 마음의 상처를 넘어 장기적으로 아이의 발달에 부정적인 영향을 주기도 합니다(Foster & Hagan, 2013). 부모의 교도소 수용으로 인한 트라우마가 오랜 기간 동안 지속되지 않도록 적절한 치유와 아이들에게 필요한 도움을 주는 것은 어른들 몫의 일입니다.

교도소 수용자의 상당수는 미성년 자녀를 둔 아빠들입니다. 바꾸어 생각하면 교도소에 아빠가 있는 아이들의 수가 우리사회에 적지 않다는 뜻입니다. 우리나라에서 교도소 수용자의 31.2%가 아직 성인이 되지 않은 아동청소년자녀가 있으며 이들 자녀수의 평균은 1.54명인 것으로 조사되었는데, 이를 기준으로 부모가 교도소에 있는 아이들의 수를 추산하면 일일평균 23,000명이고 연간 48,000 여명(우리나라 전체 19세 미만 200명당 한명 꼴)의 아이들이 부모의 교도소 수용으로 양육자를 잃게 됩니다(신연희, 2016). 나아가 부모의 돌봄이 절대적으로 필요한 초등학생 이하의 어린 자녀들도 수용자자녀의 36%에 해당하는 것으로 알려져 있습니다(신연희, 2015).

아빠(엄마)없이 지내는 동안 아이들은 왜 우리 아빠(엄마)는 교도소에 수용되었는지? 부모는 안전한지? 다시 함께 살 수 있는지? 자신은 장래에 어떻게 될지? 등 많은 의문을 가지게 됩니다. 이러한 질문에 대해 적절한 답변을 얻지 못할 때 아이들 마음에 자리 잡은 불안과 걱정은 부모의 수용이 초래한 상처를 치유하는데 방해요인으로 작용하게 됩니다. 예컨대, 아빠에 대해 누구에게 어느 정도까지 말할 것인지, 이런 상황에서는 어떻게 대처해야 하는지, 혹은 답변을 한다면 어떻게 이야기해야 하는지를 미리 알려 주어야 아이들의 불안과 두려움을 덜어 줄 수 있습니다.

무엇보다 부모의 빈자리에서 아이들이 어떤 생각과 무엇을 필요로 하고 있는지를 이해하는 것은 중요한 일입니다. 그래야 아이들의 입장에서 이해하고 아이들이 원하는 방향으로 도움을 줄 수 있으며, 아이들의 문제에 적절하게 도움을 줄 수 있기 때문입니다. 아이들이 겪게 되는 어려움은 부모의 부재 때문 일 수도 있고 부모의 수용으로 파생된 문제일 수도 있습니다. 그런데 이것들의 대부분은 아이들 스스로는 물론이고 함께 사는 가족의 힘으로도 해답을 찾기가 쉽지 않습니다. 그래서 아이들은 고민을 털어놓을 수 있는 사람도 필요하고, 자신을 이해하고 격려해 줄 수 있는 사람도 필요하며, 나아가 어려움을 이겨내는데 힘이 될 수 있는 자원도 필요합니다(신연희, 2014).

이러한 아이들 곁에서 아이들의 성장과 양육에 직간접적으로 도움을 주고 있는 사람들에게 무엇보다도 필요한 것은 아이들의 편에서 접근하는 것입니다. 이에 관해 미국에서는 수용자자녀들에 대한 사회적지원의 원칙을 "수용자자녀 권리장전(Children of Incarcerated Parents: A Bill of Rights)"을 통해 명시하고 있습니다.[3] 2003년 캘리포니아 주에서 만든 "수용자자녀 권리장전"은 현재 미국의 많은 주로 확산되어 수용자자녀들의 양육자 및 보호자의 양육 안내, 일반시민들의 수용자자녀에 대한 인식 교육, 수용자자녀를 지원하고 있는 전문가들의 서비스 기준에 관한 훈련자료로 활용되고 있습니다. 여기에는 부모가 교도소에 있는 아이들도 다른 취약계층 아동들과 똑같이 보호받고 돌봄을 받을 권리가 보장되어야 함을 모든 조항에서 일관되게 명시하고 있습니다. 위기에 노출되어 있는 아이들은 부모가 누군지와 무관하게 사회적으로 보호받아야 하며, 침해당한 권리가 있다면 회복되어야 하는 것은 당연한 일이기 때문입니다.

3) 미국의 "수용자자녀 권리장전"은 캘리포니아 주의 SFCIPP(SanFrancisco Children of Incarcerated Parents Partnership)에 의해 만들어졌다. "부모 체포시 안전과 정보를 제공받을 권리", "나에 관한 결정에 대해 알 권리", "부모에 관한 결정에 내가 고려될 권리", "부모와 떨어져 지내는 동안 보살펴질 권리", "부모와 만나고 대화할 수 있는 권리", "부모의 수용으로 인해 겪게 된 문제들의 해결을 위해 지원받을 권리", "부모의 수용으로 인해 비난받고 심판받거나 낙인받지 않을 권리", "부모와 평생 관계를 유지할 수 있는 권리" 등 8개 항목의 권리를 규정하고 있다(박선영 · 신연희, 2012).

이에 저자는 우리나라 실정에 맞는 『수용자자녀 보호원칙』을 제시하였습니다. 다섯 개 항목으로 구성된 우리나라의 『수용자자녀 보호원칙』은 부모가 교도소에 있는 아이들의 양육자 및 보호자, 그리고 이 아이들을 가까이서 만나는 상담사, 사회복지사, 교사, 아동보호기관 종사자들이 아이들과의 관계에서 아이들의 입장에서 이해하고, 답변하며, 도움을 주고자 할 때 행동의 기준으로 삼을 수 있을 것입니다.[4)]

4) 『수용자자녀 보호원칙』은 "한일수용자 자녀 및 가족 지원에 관한 실태와 과제 정책세미나"(2015년 11월 06일)에서 저자가 발표한 내용을 수정한 것으로서, 미국의 수용자자녀 권리장전(Children of Incarcerated Parents : A Bill of Rights, by San Francisco Partnership for Incarcerated Parents, 2003)을 참조하여 우리나라 실정에 맞게 작성된 것이다(신연희, 2016).

[수용자자녀 보호원칙]

첫째, 아이들은 부모와 분리된 동안 부모를 대신할 수 있는 보살핌을 받아야 한다.

아이들은 부모가 경찰에 체포되는 시점에서부터 교도소에서 출소한 부모와 성공적으로 재결합이 가능한 시기까지, 물리적 · 심리적으로 안정된 생활을 보장받을 수 있도록 부모를 대신할 수 있는 보살핌을 사회로부터 받아야 한다.

둘째, 아이들은 부모의 일로 인하여 비난받거나 불이익을 당하지 않아야 한다.

아이들은 아동의 한 사람으로 존중받아야 하며, 범죄인 혹은 수용자자녀라는 비난이나 사회적 편견으로부터 보호받아야 한다.

셋째, 아이에 관한 결정에서 아이의 의견이 존중되어야 한다.

누구와 살 것이며, 어디에 살 것인지, 어느 학교를 다녀야 할지 등과 같이 아이들의 삶과 직결되는 사항들을 결정할 때 당사자인 아이의 의견이 최우선적으로 존중되어야 한다.

넷째, 아이가 원할 때 부모와의 관계유지와 접촉기회가 보장되어야 한다.

아이가 부모와 만나거나 접촉하고 싶을 때 혹은 부모에 관해 알고 싶을 때 이를 방해하는 장애요인을 없애주어야 하며, 나아가 이를 촉진할 수 있는 적극적인 기회가 보장되어야 한다.

다섯째, 아이들은 부모의 수용으로 인해 겪게 된 문제해결을 위해 지원받아야 한다.

아이들은 부모의 수용으로 인해 초래된 경제적 어려움, 학교부적응, 심리 · 정서적 문제, 가정해체 등의 문제해결을 위해 지원받아야 하며, 취약아동에 관한 서비스대상자 선정에서도 우선적으로 고려되어야 한다.

어른들은 아이들이 이 사회에서 아름답게 어울리며 살아나갈 수 있도록
배려하고 모범된 모습을 보여주어야 한다.

2. 양육자 · 보호자를 위한 조언[5)]

••• 아이와 대화할 때 양육자 및 보호자들의 자세로서 권장하고 싶은 원칙들입니다. 다음에 제시한 열 개의 조언은 일반적으로 적용될 수 있겠지만, 아이들의 개별적 상황에 따라 다를 수 있다는 점도 고려해야 합니다.

하나. 아이와의 대화에서 답변은 최대한 솔직하게 한다.

진실을 알고 싶어 하는 아이들에게 현명한 답변이란 '무엇이 아이에게 이로울 것인가?'가 기준이 될 것입니다. 아이들은 진실을 알고 싶어 합니다. 아이들의 이런 마음을 감안한다면 최대한 솔직하게 답

5) 수용자자녀들에 대한 보호하는 원칙으로 이 책에서 제시한 내용은 애리조나 교정국에서 제공하고 있는 "양육자, 가족 및 교정기관들을 위한 10개의 팁"(Arizona's Children Association & Pima Prevention Partnership, 2011) 을 참고하여 우리나라에 적합하도록 재구성한 것임을 밝힙니다.

변을 해야 하겠지만 아이들에게 진정으로 이로운 것이 무엇인지에 대해서는 어른들도 확신이 서지 않을 수 있습니다. 수용된 사실을 알려도 되는지, 부모에게 일어난 일에 대해 어느 정도까지 답변해야 아이가 상처받지 않을 수 있을지에 대해 판단하기가 막막합니다.

분명한 것은 현실을 왜곡하거나 잘못된 정보를 알려서 아이로 하여금 비현실적인 기대감을 가지게 하는 것은 도움이 되지 않을 가능성이 더 크다는 것입니다. 이에 반해 받아들여야만 하는 사실의 범위 내에서 솔직하게 답변한다면 아이들은 직면한 상황에 대해 대처할 수 있다는 점에서 바람직할 수 있습니다. 이 때 어느 정도까지 솔직할 것인지는 개별 가정의 형편과 여러 가지 상황적 여건에 따라 달라져야 합니다.

따라서 사실을 왜곡하지 않고 전달하는 요령이 필요합니다. "아빠가 돌아오시려면 상당히 걸릴 거야." "아빠는 오랫동안 우리와 떨어져 지내야 한단다. 아마 네가 초등학교를 졸업하기 전에는 오시기 어려울 것 같다."

둘. 아이와의 대화는 적절한 시기를 찾아서 한다.

우리는 보통 자신이 이야기하고 싶을 때 상대방과의 대화를 시도합니다. 아이와 대화할 때는 타이밍이 중요합니다. 특히 감정의 변화가 심한 사춘기의 아이들은 당시의 기분에 따라 상황에 대한 해석과 반응에서 상당한 차이를 보입니다. 아이들의 상태를 이해하기 위해서는 아이들의 모습, 표정, 언어, 행동에 대해 평소에 관심을 가지고 지켜보아야겠지요. 만약 예전과는 다른 모습이 발견될 때에는 아이의 감정상태가 어떤지 확인하고, 특별한 감정을 표출할 때는 이에 대해 아이와 대화를 한다면 이를 계기로 수용된 부모에 대한 이야기를 자연스럽게 시작할 수 있습니다. "왜 그렇게 시무룩해, 요즘 말이 적어졌다. 왜 그러는지 말해 줄래?" "슬퍼 보인다. 혹시 아빠가 보고 싶어서 그러니?" "아빠가 집에 안계시니 속상하니?" "요즘 들어 화도 자주 내고 짜증도 많아진 것 같아 보인다. 그 이유가 혹시 아빠 때문이니?"

아이와의 대화는 아이가 대화를 필요로 하는 시점에 맞추어 시작해야 합니다.

셋. 아이와의 대화는 아이의 입장을 우선 존중한다.

아이들은 어른들의 입장이나 감정과 다를 수 있습니다. 만약 양육자보호자가 수용되어 있는 아이의 아빠(엄마)에게 미움, 불신, 원망 등과 같은 특별한 감정을 가지고 있다고 하더라도 자신의 감정에 아이를 끌어들이지 않도록 유의해야 합니다. 반대로 수용된 부모를 원망하고 보고 싶어 하지 않는 아이에게 부모에 대한 존경과 사랑을 강요하는 것도 삼가야 할 태도입니다. 따라서 양육자보호자는 자신의 입장을 아이에게 강요하지 않도록 아이와 대화하기 전에 자신의 감정상태를 먼저 점검하는 것이 필요합니다.

아이의 입장이나 감정을 우선적으로 존중하게 되면 아이들은 마음의 짐을 덜 수 있습니다. "나는 너희 아빠를 만나기 싫지만 네가 사랑하는 아빠이니 할머니랑 만나고 와도 된다." "나는 네 아빠에 대해 측은한 마음이 들고 지금도 여전히 사랑한다. 그렇지만 너는 아빠가 용서가 안 된다면 아빠를 미워해도 된다." "나는 너의 아빠를 생각하면 화가 나고 밉기도 해, 그렇다고 너도 아빠를 미워할 필요는 없다고 생각한다."

넷. 아이가 대처하기 어려운 일은 대처요령에 대한 기준을 정해준다.

아이들에게 가장 난처한 상황은 수용되어 있는 부모에 대한 질문을 받았을 때입니다. 교도소에 있는 부모에 대해 다른 사람이 묻거나 알려야 하는 상황에 처했을 때 아이들은 당황하게 됩니다. 또한 누군가 수용된 부모에 대해 물을지도 모른다는 우려 때문에 미리서 불안감을 갖기도 합니다. 아이들은 아빠(엄마)가 교도소에 있다는 사실을 다른 사람에게 말하지 않는 것은 사람을 속이는 것이라고 생각하면서도, 사실대로 말하는 것에 대해서는 더욱 두려워합니다. 이렇듯 복잡한 마음으로 아이가 어찌해야 할 바를 몰라 하고 있다면 양육자 및 보호자의 도움이 필요한 상황임을 뜻합니다.

아이가 수용된 부모에 대해 다른 사람들에게 어떻게 이야기해야 할지를 정해주는 것은 중요한 일입니다. 질문을 받았다면 어떻게 대처해야 하는지, 어떻게 답변해야 하는지에 관한 기준을 알려 주는 것이 좋은데, 아이들의 불안과 두려움을 덜어 줄 수 있기 때문입니다. 이 때 중요한 것은 어느 정도까지 이야기 하고 어느 정도까지 비밀로 해야 하는지를 가족 내에서 미리 정해야 합니다. “아빠는 사정이 있으셔서 잠시 동안 떨어져 산다고 하렴.” “아빠와 함께 살지는 못하지만 전화나 편지는 주고받는다고 하렴." "아빠가 교도소에 계신다는 것을 다른 사람에게 꼭 알려줄 필요는 없단다." "네 말을 듣고 비밀을 지켜주거나 너를 이해해 줄 수 있는 사람에게만 말하렴. 그렇지 않을 것 같은 사람에게는 말하지 않아도 된다."

다섯. 아이가 부모와 만나기를 원할 때 적극 도와준다.

아이에 따라 교도소에 있는 부모를 만나고 싶어 할 수도 있고 그렇지 않을 수도 있습니다. 만약 아이가 교도소에 있는 부모를 만나기를 거부한다면 그 이유가 무엇인지를 파악해야 합니다. 또한 그것이 아이의 진심인지도 확인해 보아야 하는데, 주변의 어른들이 수용된 부모와 만나는 것을 부정적으로 말했기 때문일 수 있습니다. 대개의 경우 아이들은 부모를 그리워하고 만나고 싶어 합니다. 만약 만나고 싶어도 아이가 처한 여건(장거리 교통, 비용, 주변 어른들의 만류하는 분위기 등) 때문에 그러지 못하고 있다면 아이가 부모를 만날 수 있도록 적극적으로 도와주어야 합니다.

중요한 것은 아이의 의사를 존중해주는 것입니다. "아빠 만나러 가는 것이 싫다고 하니 아직은 때가 아닌 모양이구나, 마음의 준비가 되면 언제든지 말해주렴." "아빠가 보고 싶은 모양이구나. 학교 시간과 겹치지 않도록 방문이 가능한 날을 알아볼게."

여섯. 아이들이 부모와 교감할 수 있는 다양한 방법을 알려준다.

부모와 관계를 유지한다는 것은 서로 교감한다는 것을 의미합니다. 부모-자녀가 교감하는 일은 직접 만나는 것 외에도 다양한 방법이 있습니다. 흔히 교도소를 방문하여 대면하는 것만을 부모와 관계를 유지하는 유일한 방법으로 생각하는 사람도 있지만 분명히 그렇지 않습니다. 교도소 방문을 통한 만남은 부모와 교감할 수 있는 대표적인 방법인 것은 분명하지만, 아이가 감수해야 하는 시간적 경제적 비용, 일상생활에의 지장, 교도소 방문 후 아이가 받는 충격 등을 감안한다면 우려스러운 점이 다소 있습니다. 그렇더라도 방문접견을 할 수 있는 여건이고 그것을 아이가 원한다면 적극적으로 도와주는 것은 권장할 만한 일입니다.

그러나 아빠를 만나기 위해 교도소를 방문하는 것이 여의치 않거나 우려되는 일들이 있다면 아이가 대안적인 방법을 이용할 수 있도록 권장하고 격려해야 할 것입니다. 방문접견을 대신할 수 있는 접촉 방법으로는 이메일, 전화, 편지 교환을 들 수 있습니다. 만약 형편상 이러한 방법도 어렵다면 양육자가 아이와 수용된 부모사이의 매개자가 되어 서로의 말과 마음을 전달해 줄 수 있습니다."아빠에게 하고 싶은 말을 편지에 써 보렴." "오늘 접견 때 아빠가 너를 사랑한다고, 너를 위해 기도하고 계신다고 전해 달라고 하셨단다."

일곱. 아이와의 대화는 개별상황에 맞게 답변한다.

부모가 교도소에 있는 아이들의 다수는 비슷한 유형의 어려움을 겪게 됩니다. 그런데 면밀히 살펴보면 그 어려움도 개별가정에 따라 양상이 상당히 다릅니다. 수용된 부모가 아직 재판 중인지 혹은 형이 확정된 상태인지(재판상태), 어떤 유형의 사건에 연류된 것인지(죄명), 부모-자녀관계가 좋은지 혹은 나쁜지(가족관계의 질), 자녀의 연령은 어느 정도인지(자녀 연령), 그리고 부모에 대해 아이가 얼마나 알고 있는지(범행내용) 등은 개별 아이들에 따라 다르므로 아이와의 대화에서는 이러한 것들이 고려되어야 합니다.

형의 확정여부에 따라 다음과 같이 달리 답변할 수 있습니다. "얼마 동안 교도소에 있어야 할지는 아직 모른단다. 판사님이 결정을 하지 않으셨으니 기다려보자."(재판 중인 경우) 혹은 "네가 중학교를 졸업할 때까지 그곳에 계셔야 한다는 구나."(형이 확정된 경우). 사건유형도 답변 시 고려해야 할 요인입니다. "아빠가 교도소에 계신 이유는 사업을 무리하게 확장하다가 다른 사람에게 재산상의 피해를 입혔고 그것을 배상하지 못했기 때문이다."(사기사건) 혹은 "다른 사람을 심하게 다치게 하셨다. 피해자와 가족들에게 사죄하기 위해서는 교도소에서 상당한 기간 동안 계셔야 한단다."(폭행 사건)

여덟. 아이들이 부모의 일과 자신은 별개로 인식할 수 있게 한다.

아이들은 부모의 일에 대해 자신과 결부시키는 경향이 있습니다. 따라서 부모가 수용되어 있다는 사실로부터 아이를 심리적으로 분리시키는 일은 매우 중요합니다. 너무나 명백히 사실이 아님에도 불구하고 상당수의 아이들이 부모가 수감된 일은 자신과 관련되어 발생하였다고 생각합니다. 이 때 어떤 아이들은 자신을 탓하는 것으로 죄책감을 직접적으로 드러내기도 하고, 어떤 아이들은 부모가 교도소에 간 것은 자신의 잘못과 무관하다는 것을 주변 사람에게 확인받음으로서 죄책감에서 벗어나기 위해 역설적으로 자신의 잘못을 탓하는 말을 주변사람들에게 하기도 합니다.

동기야 어떠하든 간에 아이가 부모의 일에서 자신을 분리하지 못하는 말을 한다면 아이의 신념을 변화시킬 수 있는 대화가 필요합니다. 부모의 일과 자신의 일은 별개라는 확신은 단순하면서도 당연한 것이지만, 이에 대한 확신을 가질 때 아이는 주변의 시선에도 당당해질수 있고 우울, 수치심 등과 같은 심리적인 문제도 덜 겪게 됩니다. "아빠가 법을 어긴 것은 우리 잘못이 아니란다. 그러니 우리가 부끄러워할 필요는 없다고 생각해." "아빠가 교도소에 있다고 해서 가족이 비난받을 이유는 없는 거야. 어떤 일이든지 자기가 잘못한 부분만 책임지는 것이란다."

아홉. 아이에게 부담을 지우거나 책임감을 느끼게 하는 말은 피한다.

아이들이 열심히 살기를 바라는 마음에서 혹은 부모보다 나은 삶을 살기를 소망하는 마음에서 아이에게 무리한 요구를 하는 경우가 있습니다. 그러나 아이에게 책임을 지우는 것은 아이를 성숙시키거나 열심히 살도록 동기를 자극하는데 그다지 효과적인 방법이 아닙니다. 아이들이 부모의 일에 영향을 주기에는 역부족일 수밖에 없기 때문입니다. 오히려 아이에게 심적 압박을 가함으로써 발생하는 부정적인 효과가 더 클 수 있습니다. 아이들은 자신의 행동을 통해 기대했던 결과가 나오지 않았을 때 자신을 탓하거나 스스로를 비난하게 되므로 심리 · 정서적 건강에 해가 될 따름입니다.

아이에게 부담을 지우거나 책임감을 느끼게 하는 다음과 같은 말들은 부적절합니다. "네가 공부를 잘하면 다시 옛날처럼 함께 살 수 있을 거야." "네가 착하게 생활하면 아빠가 빨리 나오실 수 있단다." "네가 판사님께 탄원서를 잘 쓰면 아빠의 형량이 적어질 거야."

열. 필요한 도움에 대해 적극적으로 지원을 받도록 한다.

가족의 힘으로는 감당하기 어려운 일이 많습니다. 그리고 어떤 일들은 주위로부터 도움을 받았을 때 쉽게 해결되기도 합니다. 아이들에게 필요한 도움이 있다면 지원받는 것을 주저할 필요가 없습니다. 다행스럽게도 우리 사회에는 도움이 필요한 취약계층들을 돕기 위한 프로그램들이 마련되어 있으며, 특별히 수용자 가족과 자녀들에게 도움을 줄 수 있는 준비가 되어 있는 기관들도 제법 있고, 수용자 가족과 자녀들을 도울 목적으로 설립된 기관들도 있습니다(Part III 참조).

이에 관한 정보를 담은 신뢰할 수 있는 자료를 아이와 같이 읽고 함께 이야기 나누기를 권장합니다. "엄마가 오늘 접견 갔다가 교도소 민원실에서 가져 온 책자란다. 수용생활과 가족상담에 대해 자세히 알려주고 있더라. 읽어보고 궁금한 점 있으면 말하렴." "교도소 민원실에서 가져 온 자료인데, 가족들을 지원하는 인터넷 사이트와 단체들의 연락처가 적혀있다. 시간 날 때 인터넷 사이트에 들어가 보면 좋을 것 같다. 엄마는 전화를 한번 해 보려고 한다." "우리처럼 아빠가 교도소에 있는 아동청소년을 상담하고 도움을 주는 곳이 있더라. 상담 내용은 절대 비밀을 지켜준다고 하더구나."

2015년 11월 "수용자자녀 지원"에 관한 국회세미나
수용자자녀들에 대한 정치적 관심이 더욱 높아질수록 수용자자녀 지원에 대한
정책도 새롭게 진화할 것이다.

PART Ⅱ

아이들의 민감한 질문, 현명하게 답변하기

부모가 수용되어 있을 때 아이들이 물어 보는 민감한 질문들과 답변가이드

아이들의 민감한 질문, 현명하게 답변하기

부모가 수용되어 있을 때 아이들이 물어보는 민감한 질문들과 답변가이드

아이들 한 사람 한사람의 성격과 성장배경이 다른 만큼,
개별 인격체의 입장에서 깊이 이해하고 공감하고 배려하는 가운데 아이들의 미래가 밝아지고
당당한 사회성원으로 자리 잡게 될 것이다.

1. 아빠는 어디 가셨나요?

유사한 질문

아빠(또는 엄마)는 왜 이렇게 오랫동안 집에 오시지 않죠?

아빠는 어디 계신가요?

답변을 위한 조언

••• 부모가 어디에 있는지를 궁금해 하는 아이에 대한 양육자의 답변은 세 가지 일 수 있습니다. ① 수용된 사실을 아이에게 이야기한 경우(또는 아이가 이미 알게 된 경우)로서 주변 사람들도 대부분 알고 있는 경우 ② 수용된 사실을 아이에게 알렸지

만 가족 외에는 비밀로 하기로 한 경우 ③ 수용된 사실을 숨기기 위해 아이에게 둘러대는 경우입니다.

첫 번째 경우처럼 부모의 수용사실을 아이가 알게 되었다면 충격을 안고 있다는 점을 기억해야 합니다. 실제 사례들을 보면, 수용사실을 처음에는 숨기려하였지만 시일이 경과되면서 더는 숨기기 어려워 아이에게 알리는 경우, 어떤 일을 계기로 아이가 알아버리게 된 경우, 그리고 더러는 부모가 경찰에 연행되는 현장에 아이가 있었기 때문에 자연스럽게 알아버린 경우도 있습니다.[6] 어떤 경로로 아이가 부모의 수용사실을 알게 되었든지 간에 아이에게는 충격이 아닐 수 없습니다. 따라서 아이의 마음을 다루기 위한 양육자 및 보호자의 지속적인 관심과 노력이 수반되어야 합니다. 아동 및 청소년 전문상담기관에 아이를 의뢰하는 것은 아이의 심리적 치유에 도움을 줄 수 있는 현명한 방법일 수 있습니다.

두 번째의 경우에 해당하는 아이라면 대개는 가족의 비밀을 지켜

6) 부모의 수용사실을 자녀가 알게 될 가능성은 부모의 교도소 수용기간이 경과할수록 증가하는 것으로 보고되고 있습니다. 국내 연구에 따르면(신연희, 2016), 수용초기인 구치소 단계에서는 34%인데 비해 교도소에서 출소 직전 시기에는 55.6%의 자녀들이 부모의 교도소 수용사실을 알게 된다고 합니다.

야 하는 심적 부담을 안게 됩니다. 도움을 주는 방법으로 아이에게 비밀의 범위를 정해 줄 것을 권장합니다. 가족 외의 사람들에게 수용된 부모에 대해 어느 정도까지 비밀로 할 것인지, 어떻게 말해야 하는지에 대한 답변의 가이드라인을 가족들의 합의로 정하는 것이 좋습니다. 가이드라인을 미리 숙지한 아이들은 답변에 대한 불안감을 가지지 않을 것이고, 실제로 질문을 받았다면 적절하게 답변하는 데에도 가이드라인이 도움이 될 것입니다. Part I 에서 "양육자보호자를 위한 조언"의 넷째 항목인 "아이가 대처하기 어려운 일은 대처요령에 대한 기준을 정해준다."를 참조하시면 됩니다.

세 번째 경우처럼 수용사실을 아이에게 비밀로 하기를 원하신다면 주의할 사항이 있습니다. 그것은 바로 비밀로 한 사실을 아이가 알 수 없도록 하는 것이 가능한지 입니다. 만약 아이가 진실을 알게 된다면 진실을 감춘 어른에 대해 불신하고 반항을 하게 되는 계기가 될 수 있기 때문입니다. 또한 거짓말로 둘러대는 것을 아이가 감지할 수 있다는 점도 염두에 두어야 합니다. 예컨대, "지방 또는 외국에 일하러 가셨다."고 아이에게 말했지만 집은 여전히 가난하고 오히려 아빠가 계실 때 보다 훨씬 궁핍한 생활을 하고 있으므로 아이들은 아빠가 가족을 버렸다고 오해할 수 있습니다. 흔히 둘러대는 거짓말인

"아빠는 병원에 계신다."는 아이가 아빠의 건강에 대한 최악의 상상을 하게 되므로 아이의 불안감을 고조시킬 수 있다는 점에서 아이에게 이로울 것이 없습니다.

이 세 가지 중 어떤 것을 택할 것인지는 아이의 연령, 아이의 정서 상태, 교도소에 있는 부모의 상태(형량, 죄명 등) 등의 "상황요인"들을 고려하여 양육자 · 보호자가 결정할 일입니다. 이에 관한 연구들도 상반된 견해를 보이고 있는데, 아이들을 보호하려는 의도로 수용 사실에 대해 숨기고 거짓말 하는 것은 바람직하지 못하며, 진실을 감추었을 때 아이가 불필요하게 나쁜 상상을 하는 것을 막기 위해서는 진실을 알리는 것이 나을 것이라는 주장이 있는가 하면, 다른 입장에서는 정서적으로 민감한 시기의 아동청소년들에게 부모의 수감사실은 감당하기 어려운 충격이 되므로 만약 이를 잘 다루지 못한다면 방황과 일탈의 계기가 될 위험성이 있음을 지적하는 주장도 있습니다(Adalist-Estrin, 2003).

따라서 위에서 제시한 "상황요인"들이 다르므로 개별 가정에 따라 결정이 다를 수 있습니다. 다만 사실을 말하기로 결정한 경우라면, 어느 정도까지 알려야 할 것인지의 범위와 아이가 어느 정도까지 감당할 수 있을지를 판단하는 일, 그리고 아이가 받을 충격을 완화하는 방안이 마련되어 있는지 등을 점검한 후에 사실을 알려야 합니다.

이렇게 답변하세요

수용사실을 아이가 알고 있을 때

"아빠는 일을 하시다가 법을 어겼기 때문에 구치소에 수용되셨어, 재판을 받게 될 거야. 아빠가 앞으로 어떻게 될지는 재판을 해야 하고 판사님이 결정을 하신단다. 법을 얼마나 많이 어겼는지, 다른 사람에게 입힌 피해가 얼마나 큰지에 따라 그곳에 있어야 하는 기간이 정해진단다."

"아빠는 가장으로서 열심히 일하셨지만 그 과정에서 법을 어기는 잘못을 하셨단다. 재판에서 2년형으로 결정되었기 때문에 그것을 따라야 한단다. 정해진 기간이 지나면 집으로 돌아오실 것이다."

수용사실을 아이에게 알리지 않기로 결정하였을 때

"아빠가 많이 보고 싶지? 지금은 아빠가 바쁜 일로 어디 가 계시니 아빠가 연락이 가능할 때까지 기다리자. 엄마하고는 연락을 한단다. 잘 지내고 계시니까 걱정 안 해도 될 거야."

"아빠가 지금은 너희들에게 연락을 할 형편이 안 되어서 그러니까 아빠를 믿고 좀 더 기다리자. 엄마하고는 연락을 하니 아빠에게 전할 말 있으면 엄마에게 대신 하렴"

2. 아빠는 왜 교도소에 계신가요?

유사한 질문
무슨 잘못을 하셨기에 교도소에 가신 건가요?
아빠는 나쁜 사람인가요?

답변을 위한 조언

••• 부모의 수용사실을 아이가 처음으로 알게 되었을 때 아이들이 흔히 묻는 질문입니다. 이런 상황은 부모를 만나기 위해 아이에게 교도소에 가는 이유를 밝혔을 때 많이 발생하기도 합니다. 이에 대한 답변에서 중요한 내용은 수용된 이유를 이해시키

는 일입니다. 교도소에 수용된 것은 위법행위의 결과이며 위법행위에는 처벌이 따르는데 교도소 수용은 처벌에 해당한다는 것은 아이도 알아야 할 사실입니다. 이 때 범죄행위에 대해 상세하게 묘사하는 것은 불필요합니다.

"법을 어겼기 때문에 교도소에 계신다. 어른들은 법을 어긴 것에 대해서는 책임을 져야 한단다."와 같은 일반적인 수준으로 간략하게 답변을 시작할 수 있습니다. 만약 이 정도로는 불충분한 것으로 판단되거나, 추가적인 답변을 아이가 요구한다면 "물건을 훔쳤다.", "다른 사람의 재산에 손해를 입혔다." "다른 사람의 몸에 상처를 입혔다."등과 같이 사건의 유형을 알려주는 것으로 답변을 보충하는 것이 적절할 것입니다. 특히 사실을 모두 알게 되었을 때 아이가 심각한 충격을 입게 되는 강력사건의 경우에는 "다른 사람을 심하게 다치게 했다."와 같은 단순한 답변이 좋습니다.

몇 가지 유의할 점이 있습니다. 우선 수용된 이유를 둘러대거나 가벼운 일로 여기는 것은 바람직하지 못합니다. "아빠는 작은 실수로 교도소에 가셨다. 시간이 조금 지나면 모든 것이 해결되어 집으로 돌아오실 것이다."와 같이 교도소 수용이 실수나 운이 나빠서 초래되었다거나, 금방 해결될 수 있는 일로 설명하는 것은 부적절합니다.

한편, 수용된 부모의 상태, 아이의 연령, 사건 유형도 답변할 때 고려해야 할 또 다른 점입니다. 일반적으로 아이가 연령이 많을수록 상세한 답변을 원하므로 답변수준도 이에 맞추어야 할 것이며, 사건의 유형에 따라서도 다르게 답변되어야 합니다.

이렇게 답변하세요

형의 확정 여부에 따라

"법을 지키지 않으면 교도소에 가게 된다. 법은 사람들이 해야 할 것과 하지 말아야 할 것에 대한 사람들의 약속이다. 법을 어겼을 때에는 그 행동에 대해 책임을 져야 하는데, 아빠는 법을 어겼기 때문에 그 행동에 책임을 지기 위해 교도소에 계신다. 교도소는 잘못한

행동을 반성하는 곳이란다."(형이 확정된 경우)

"재판을 받아야 해서 구치소에 수용되셨어, 아빠가 앞으로 어떻게 될지는 재판에서 판사님이 결정을 한단다. 아빠가 상대방에게 준 피해가 얼마나 큰지에 따라 교도소에 있어야 할 기간이 정해진단다."(재판 중인 경우)

아이의 연령 수준에 따라

"집에서도 지켜야할 규칙이 있잖아. 예를 들어 형 물건은 형의 허락받고 만져야 하는 것 등 이지. 그 규칙을 잘 지켰을 때는 칭찬을 받지만 지키지 못하면 혼이 나지. 사회도 마찬가지야. 아빠는 사회에서 정해놓은 규칙을 지키지 못하셨고 그 벌로 얼마 동안 교도소에서 지내셔야 한단다. 교도소에서는 규칙을 잘 지키는 법을 배우고 계신단다."(어린 자녀의 경우)

"학교규칙을 어기면 선생님께 깜지를 쓰거나 심한 경우 선도위원회에서 벌을 받듯이, 사회에서는 법을 어기면 교도소에 가두어 자유를 제한하는 것으로 처벌을 한단다."(청소년자녀의 경우)

사건유형에 따라

"아빠사업이 어려움에 처해서 회사를 살리려고 여러 사람에게 돈을 빌렸는데 그것을 갚지 못하셨단다. 경기도 어려운데 무리하게 사업을 키우려다가 판단을 잘못하신 것 같구나. 아빠에게 돈을 빌려 준 사람들에게 재산상의 피해를 주었기 때문에 속죄하고 책임을 지기 위해 교도소에 계신단다."(사기 등 경제사건의 경우).

"아빠가 다른 사람과 다투다가 상대방을 심하게 다치게 했단다. 아빠가 조금만 참았으면 이런 일이 생기지 않았을 것인데 아빠도 이에 대해 많이 후회하고 계신다."(폭행의 경우).

"교통사고를 내셨단다. 그 사고로 다른 사람이 크게 다쳤다. 교통규칙을 어겼고 사람들을 다치게 했기 때문에 교도소에 계신다."(교통사범 및 과실치상의 경우)

3. 저는 이제 어떻게 되는 건가요?

유사한 질문

저는 이제 누구랑 살아야 하나요?

답변을 위한 조언

••• 함께 살던 부모와 헤어지는 일은 아이에게 큰 불안을 안겨줍니다. 부모 없이 살게 되는 일은 아이로서는 감당할 수 없는 일이기도 합니다. 아빠(엄마)가 수용된 후 남겨진 아이는 물론이고 가족들의 생활에는 변화가 있기 마련입니다. 이사를 하여

전혀 알지 못하던 곳에서 살아야 하기도 하고, 때로는 가족들이 흩어져서 살게 되기도 합니다. 특히 한부모 가정이었는데 부모가 수용되었다면 아이의 보호자 또는 양육자의 변경은 불가피할 수밖에 없습니다.

국내 조사에 의하면, 부모가 수용된 아이의 75% 정도는 남아있는 다른 한쪽 부모와 함께 살게 되지만 나머지 25%(아이 네 명 중 한 명)는 양쪽 부모 모두와 헤어져 살고 있었습니다(신연희, 2016). 아빠가 수용되었어도 엄마와는 변함없이 함께 살게 된다면 그나마 다행이지만 이 경우라고 할지라도 동시다발적으로 발생하는 경제적 어려움, 불안정한 가정환경, 심리적은 문제들은 비껴가기 어렵습니다. 이런 상황에서 아이들이 자신의 장래에 대해 불안한 마음이 드는 것은 당연한 일입니다.

그러나 대부분의 경우 한쪽 부모와 헤어져 있다는 사실 말고는 가족구성원이 함께하는 것은 여전할 것입니다. 그런데도 불구하고 아이의 마음속에서는 막연한 불안감이 커져갈 수 있습니다. 아이를 돕는 길은 아이가 무엇이든지 물어볼 수 있도록 권장하고 아이의 물음에 대해 적절하게 답변해 주는 것입니다. 누가 아이와 함께 살며, 만약 상황이 달라진다면 어느 정도일지를 분명하게 이해시킬 때 아이의 불안감은 덜어질 것입니다.

이렇게 답변하세요

가정환경의 변화가 없는 경우

"아빠가 집에 계시지 않는다고 해서 달라질 것은 없다. 단지 아빠가 얼마 동안 네 곁에 안 계실 뿐이야. 다른 것들은 다 그대로란다. 지금처럼 엄마와 함께 살면 되는 거야. 아빠가 집으로 돌아오실 때까지 씩씩하게 살자."

"아빠가 오실 때까지 우리 가족 모두 함께 지낼 거야. 엄마가 네 곁에 있으니 걱정하지 말거라. 다만 생활이 조금 어렵고 때로는 아빠가 보고 싶기도 하겠지만 서로 힘을 모아서 견디어 보자."

"아빠가 우리와 헤어져 계시더라도 나머지 식구들은 너와 함께 있단다. 생활에 조금의 변화는 있을 것이지만 크게 달라지지는 않을 것이다. 너는 지금처럼 학교도 다니고 공부도 할 수 있다. 열심히 하여 아빠의 자랑스러운 딸이 되도록 하자."

"엄마가 네 곁에 항상 있을게. 아빠가 안 계시는 2년 동안 아빠가 우리를 위해 하셨던 일을 우리가 서로 나누어서 해야 한단다. 그래서 다들 조금은 힘이 들 거야."

가정환경의 변화가 예상되는 경우

"아빠가 안 계시는 동안 네가 어디서 살지 아직 결정되지 않았어. 너를 가장 안전하게 보호해 줄 수 있는 사람을 찾아볼게."(아이의 양육자가 결정되지 않았을 때)

"아빠 대신 엄마가 가족들을 위해 일을 해야 해서 엄마가 너를 돌보아 줄 수가 없구나. 그래서 할머니가 너를 돌보아 주시기로 하셨단다. 할머니와 함께 얼마간 지내야 하지만 잠시 동안 헤어지는 것이니 너무 걱정하지 말거라. 엄마가 주말에는 너를 보러 갈게. 아빠가 돌

아오시면 예전처럼 온 가족이 모여 행복하게 살자."(조부모 또는 친척이 돌보게 되었을 때)

"가족 중에 너를 돌봐 줄 만한 사람이 없구나. 그래서 아빠(또는 엄마)가 돌아오실 때 까지 엄마(아빠)의 역할을 아동보호기관에서 대신해 주실 것이다. 그곳 선생님께서 엄마를 대신해서 너를 돌보아 주실 것이고 네가 건강하게 지낼 수 있도록 최선을 다해주실 것이다. 학교를 옮기고 친구들과 헤어지는 것이 슬프겠지만 그곳에서 새로운 친구도 사귀고 생활하다 보면 곧 적응이 될 거야. 아빠와는 편지나 이메일로 얼마든지 연락할 수 있고, 네가 원한다면 아빠와 접견할 수 있도록 선생님들께서 도와주실 것이다."(아동보호기관에 입소해야 할 때)

4. 아빠가 교도소에 가신 것은 제 탓도 있나요?

유사한 질문

제가 말썽을 피워서 아빠가 그렇게 되신 건가요?

답변을 위한 조언

••• 많은 아이들이 부모가 교도소에 간 것에 대해 공연한 죄책감을 가지거나 자신의 잘못으로 돌리기도 합니다. 아이가 어릴수록 부모의 일에서 자신을 분리하지 못하고 이렇게 믿는 경향이 있습니다. 비싼 선물을 사주려고 또는 자신의 학원비를

마련하기 위해 부모가 사기 또는 절도를 한 것으로 생각하기도 하고, 어떤 아이들은 자신이 부모를 미워하고 반항하였기 때문에 화가 나서 다른 사람과 싸웠다고 생각하는 등 자신과 결부시켜 생각하려 합니다(Adalist-Estrin, 2003). 만약에 아이가 부모를 경찰에 신고하여(예: 가정폭력 등) 수용된 경우라면 아이의 죄책감은 더욱 커질 수 있습니다.

아이가 대화 중에 이런 생각을 표출하였다면 이는 자신에게 잘못이 없다는 것을 확인받고 싶은 욕구일 수 있습니다. 아이가 직접 표출하지 않았더라도 아이의 이런 생각을 알게 되었다면 아이가 편안한 마음을 가질 수 있도록 도와주어야 합니다. 부모의 잘못은 아이와는 별개의 문제이고 아이와는 무관한 것이기 때문에 죄책감이나 부끄러워 할 필요도 전혀 없다는 것은 당연한 일이지만 여러 번 반복하여 알려주어도 됩니다. 권장할만한 또 다른 방법은 평소에 아이의 잘못을 나무라는 것을 자제하는 것입니다. 매사에 아이의 잘잘못을 가리고 판단한다면 아이는 자신의 책임을 따져보려는 생각을 많이 하게 되기 때문입니다.

가장 중요한 것은 평소에 아이의 생각과 느낌을 점검하는 일입니다. 그리고 아이가 심리적으로 편안한 상태라고 판단되었을 때 아빠가 교도소에 가게 된 이유에 대한 아이의 생각을 자유롭게 말하게 해 보세요. 이 때 만약 아이의 생각에 죄책감이나 책임감이 포함되어 있다면 부모의 교도소 수용과 그 이후 발생한 어려움들이 아이와는 무관하다는 것을 분명히 알려야 할 것입니다.

이렇게 답변하세요

일반적인 답변

"아빠가 교도소에 간 것은 네가 말썽을 부린 것과 전혀 상관없는 일이란다. 교도소는 다른 사람 때문에 가는 곳은 아니란다. 교도소는 자기의 잘못을 책임지는 곳이고 아빠는 본인 잘못에 대해 책임을 지기 위해 그곳에 계신 것이다."

가정폭력 등의 이유로 아이가 경찰에 신고한 경우

"경찰에 전화를 한 것은 정말 잘한 행동이야. 네가 경찰에 전화를 하지 않았다면 엄마가 더 다쳤을지 몰라. 아빠도 너를 탓하지는 않으실 게다. 오히려 마음 아파하고 걱정하고 있을 것 같다."

"네가 신고해서 일이 더 커지는 것을 막은 것이니 네가 잘한 거야. 아빠라도 자식을 때리거나 엄마를 학대해서는 안 되는 것이지. 그렇게 한 아빠의 행동이 잘못된 것이지 너의 신고가 잘못된 것이 아니다."

"아빠는 절대 너를 탓하거나 미워하지 않는단다. 아빠는 너와 떨어져 지내게 된 것이 아빠의 잘못인지 알고 계시기 때문에 너한테 미안해하신단다."

5. 다른 사람들한테는 아빠에 대해 뭐라고 말하죠?

유사한 질문

다른 사람이 아빠에 대해 물으면 꼭 대답을 해야 하나요?

친구나 선생님이 아빠에 대해 물으면 어떻게 말해야 할까요?

답변을 위한 조언

••• 대부분의 사람들은 가족이 교도소에 있다는 사실을 숨기고 싶어 합니다. 수용된 부모에 대한 문제는 아이들에게 가장 민감한 사항이라고 할 수 있습니다. 가능하다면 알리지 않고 싶지만 다른 한편으로는 사실을 숨기는 것에 대해 불편한 마음이 들

기도 합니다. 특히 가까운 사람들(친구, 선생님 등)에 대해서는 사실대로 말해야 할 것인지 혹은 어떻게 답해야 할지는 심각한 걱정거리입니다. 때로는 누가 묻지도 않았는데 미리서 불안해하기도 합니다.

정직하게 말할 수 있으면 그렇게 해도 되겠지만 과연 사실을 그대로 말할 것인지에 대해서는 신중할 필요가 있습니다. 아빠에 대해 누구에게 어느 정도까지 말할 것인지의 기준을 알려주어서 아이의 불안과 두려움을 덜어 주는 일은 양육자 및 보호자가 해야 할 중요한 일이기도 합니다. 다음에 제시한 몇 가지 점들을 유의하여 답변하시기를 제안합니다.

첫째, 둘러대는 거짓말은 시키지 마세요. 아이에게 도움이 되지 않습니다. 예를 들어 "지방에서 근무, 또는 외국에 계신다.", "출장을 가셨다"는 말로 둘러대도록 아이에게 조언하는 것은 적절하지 않습니다. 믿을 만한 사람에게는 사실대로 이야기하는 것이 좋으며, 이때 어느 정도까지 이야기 할 것인지는 아이와 상의하여 가족 내에게 미리 정하는 것이 좋습니다. 이때 중요한 것은 아이들이 아빠 이야기를 할 때 부끄러움이나 위축감을 가지는 일이 없도록 부모의 일에서 아이를 심리적으로 분리시켜야 합니다.

둘째, 단지 교도소에 있다는 이유로 아빠에 대해 다른 사람에게 나뻐게 말할 필요는 없다는 점을 아이에게 인식시켜 주세요. 아울러 교도소는 나쁜 사람들이 있는 곳이라든가, 그곳에서 아빠가 나쁜 것을 배우게 될 것이라는 우려 등 교도소에 대한 나쁜 인식을 아이가 가지고 있다면 이를 수정해 주어야 합니다. 교도소는 법을 어긴 사람들이 모인 곳이지 나쁜 사람들을 모아놓는 장소가 아니라는 점을 아이가 스스로 확신하였을 때 아빠에 대한 부정적인 이미지를 다른 사람들에게 표출하지 않을 것입니다.

셋째, 부모의 수용사실에 대해 꼭 답변할 필요는 없다는 점을 아이에게 알려주세요. 아이가 부모의 수용사실을 숨기고 싶어 하거나, 답변을 꼭 해야만 하는지에 대해 혼란스러워하는 경우도 이에 포함됩니다. 만약 질문을 받았을 때 이에 대해 답변을 해야 아이의 마음이 편하다고 하면 답변의 가이드라인을 가족들이 합의하여 그 범위 내에서 답변하도록 하면 좋습니다.

넷째, 아이가 고립감이나 소외감에서 벗어나도록 해 주세요. 부모를 교도소에 보낸 아이는 세상에 혼자가 아니라는 사실을 알려줄 필요가 있습니다. 우리나라에는 하루 평균 2만 명 넘게, 연간 4만 명이 넘는 아이들이 부모의 수용으로 한쪽 부모 또는 양부모 모두와 헤어져 살고 있다고 합니다. 비슷한 상황에서 같은 문제를 겪고 있는 또래 아이들이 있다는 사실을 알게 되는 것은, 나 혼자만의 문제가 아니라 누구에게나 생길 수 있는 문제라는 생각을 갖게 합니다. 이때 아이는 자신의 상황을 지나치게 비관하거나 혼자만의 문제로 고민하는 시간을 줄일 수 있을 것입니다. 더 나아가 마음에 담고 있는 고민을 밖으로 표현하는 힘이 되기도 하여, 주위의 어른이나 전문상담기관과 상담을 희망하는 계기가 될 수 있습니다. 아이에게 적절한 전문기관이나 믿을 만한 사람에게 적극적으로 연결해 줄 것을 권장합니다. 이에 관한 정보는 이 책의 후반부(Part III)에 소개되어 있습니다.

이렇게 답변하세요

"아빠가 교도소에 계신다는 것을 꼭 알려줄 필요는 없단다. 그것이 네가 누구인지를 속이는 것은 아니란다. 아빠가 교도소에 있다는 것이 상대방이 네가 누구인지 이해하는데 중요한 것은 아니잖니?"

"아빠 때문에 너를 비난하거나 너를 이해하지 못할 것 같은 사람에게는 아빠 이야기를 사실대로 하지 않아도 된단다."

"알려주더라도 상세하게 말할 필요는 없을 거야. 아빠는 사정이 있으셔서 잠시 동안 떨어져 산다고 하렴. 아빠와 함께 살지는 못하지만 전화나 편지를 주고받는다고 하렴."

"다른 사람에게 아빠에 대해 말하는 것을 부끄러워 할 필요는 없단다. 너는 아무 잘못이 없고 아빠가 수감된 것과는 무관하기 때문이다."

"아빠 때문에 부끄러워하거나 위축될 필요는 없단다. 아빠가 교도소에 있는 것이 네가 누구인지와 크게 상관있는 것은 아니라고 생각한다. 그리고 아빠가 교도소에 있다고 해서 네 친구와의 관계가 달라져야 하는 것도 아니란다."

우리가 사는 공동체는 서로 돕고 믿게 하며 희망을 상속하는 역할을 수행해야
성숙한 사회로 성장 가능할 것이다.

6. 아빠는 언제 집에 돌아오세요?

유사한 질문

아빠는 교도소에 얼마나 더 계셔야 하나요?

아빠와 언제 예전처럼 살 수 있을까요?

답변을 위한 조언

••• 가족이 재결합할 수 있는 시기는 불확실할 수 있습니다. 많은 변수들이 있기 때문이지요. 그래도 형이 확정되었다면 출소 일을 계산할 수 있겠지만 이 경우에도 가석방이나 감형 등의 변수가 있을 수 있고, 출소 후에도 주거 문제

등 추가적인 문제해결을 위한 준비기간도 필요해서 재결합 시기는 단정하기 어려울 수도 있습니다. 만약 아직 재판이 진행 중인 경우라면 더욱 가족의 재결합 시기를 예측하기는 어려운 일입니다.

그래도 최대한 정직하게 아이에게 말해야 합니다, 그래야 아이가 적절하게 대응할 수 있습니다. 장기형인 경우 "네가 성인이 될 때까지 오지 못하게 될 거야", 또는 "설을 세 번 지나면 오실 거야" 등과 같이 시기를 가늠할 수 있도록 알려주어야 합니다. 이 때 부모가 형사사법 단계의 어느 과정에 있는지에 따라 답변이 달라질 수 있으므로 형사사법단계의 전반적 과정을 설명해 주는 것도 아이가 이해하는데 도움이 될 것입니다.

반면에 너무 막연하게 알려주는 것은 아이들이 비현실적인 기대감을 가지게 할 수 있으므로 현명한 답변이라고 할 수 없습니다. 기대한 바가 실현되지 않았을 때 아이들은 실망하게 됩니다. "금방 돌아오실거야. 길게 걸리지 않을 것이다.", "광복절 특사로 오실 수도 있다."와 같은 불확실한 답변은 아이가 부모를 무작정 기다리게 하며, 돌아오지 않는 부모로 인해 혼란과 좌절감에 빠질 가능성이 큽니다. 어린 아이들은 '내일은 아빠가 돌아오실 거야'로 생각하고 날이 새기를 기다리거나, 아빠가 오셨을지도 모른다는 생각에 학교에서 뛰어

왔다가 실망하는 일이 반복된다면 아이의 좌절감은 커져갈 것입니다.

바람직하지 못한 또 다른 형태의 답변은 아이가 심적 부담을 갖도록 뭔가를 요구하는 것입니다. 아이에게 부담감을 주는 말은 피해야 합니다. "네가 착한 일을 많이 하면 아빠가 집에 빨리 오실 수 있단다. 네가 공부를 잘하면 크리스마스 선물로 오실 수도 있단다."등의 말은 아이로 하여금 아빠를 빨리 귀가시키는 것은 자신에게 달려있다고 생각하도록 만들 수 있습니다. 그리고 기다리는 아빠가 오지 않으면 자신이 착하지 못했기 때문으로 자책하게 됩니다.

재판중이라면, 정확한 날짜를 알려 줄 수 없지만 그렇다고 재판 결과에 대해 지나친 기대를 하게 해서도 안 됩니다. 유죄판결이 확실시되는 경우에는 일정 기간 만날 수 없다는 것을 주지시켜 주어야 합니다. 만약 재판이 끝나 형이 확정되었다면, 아이에게 정확한 날짜를 알려주기 보다는 해 단위를 기준으로 알려주는 것이 더 적절합니다. 만일 형이 끝나는 날짜에 대해 알고 있다면 아이에게 중요한 기념일을 중심으로 알려주도록 합니다.

이렇게 답변하세요

재판중인 경우

"언제 오실 줄 정확히는 모른다. 판사가 결정한단다. 아마 이번 크리스마스에도 못 오실 것이고, 어쩌면 네가 다 자랄 때까지 못 돌아오실지도 모른다. 그렇지만 아빠를 만나러 갈 수는 있단다."

"언제 돌아올지는 모르지만, 이번 설은 아빠없이 지내야 할 거야. 지금 재판을 받고 계시고 얼마나 교도소에 있어야할지를 판사가 정한단다."

형이 확정된 경우

"아빠는 여름이 2번 지난 다음에 올 수 있다, 너의 중학교 졸업식과 고등학교 입학식에는 아빠가 참석할 수 있을 것 같구나."

"네가 지금 15살이니까 대학교 다닐 때 쯤 나오게 될 것 같다. 네가 군대 가기 전에는 오시겠지. 아빠가 모범적으로 잘 생활하면 네가 대학가기 직전쯤에도 가능할거야."

"정해진 기간 보다 빨리 나오는 것은 쉽지 않기 때문에 큰 기대는 하지 마라. 기회가 주어진다면 너무 감사한 일이고 그렇지 않더라도 쉽지 않은 일이니 정해진 기일까지 기다리자 꾸나. 그래도 아빠가 교도소에서 열심히 노력하시면 정해진 기간보다 더 빨리 나오실 수 있는 가능성도 아주 없지는 않단다."

"네가 초등학교를 졸업할 때까지 교도소에 계셔야 한다. 그동안에는 우리가 교도소를 방문하여 아빠를 만날 수는 있다."

"여름방학이 세 번 지나면 오실거야. 아빠가 모범적으로 생활하시면 조금 일찍 돌아오실 수도 있어. 아빠가 그곳에서 열심히 생활하시도록 우리가 희망을 북돋아 주자꾸나. 아빠에게 편지도 자주 써주고 방문하여 밝은 모습을 보여주면 아빠가 교도소 생활을 잘 하는데 큰 힘이 될 것이다."

"출소예정일이 언제인지 교도소에 전화하여 알아볼게. 5년형을 받았으니 앞으로 4년 정도 더 수용생활을 하셔야 할 것 같구나. 법무부 교정본부 홈페이지를 통해 출소 예정일을 확인해 보자."

참고할 정보

교정본부 홈페이지를 방문하세요.
교정본부 : http://www.corrections.go.kr/
수용과정의 이해 (http://www.corrections.go.kr/HP/TCOR/cor_05/cor_5010.jsp)

교정시설(구치소, 교도소)에 입소하는 수용자는 수용보호를 받게 됩니다. 형이 확정되어 수형자가 되면 과학적인 분류심사를 통해 수형자의 개별특성에 맞는 처우를 받게 되며, 수형생활을 통해 사회복귀를 분비하면서 가석방 또는 형기 종료로 출소하게 됩니다.

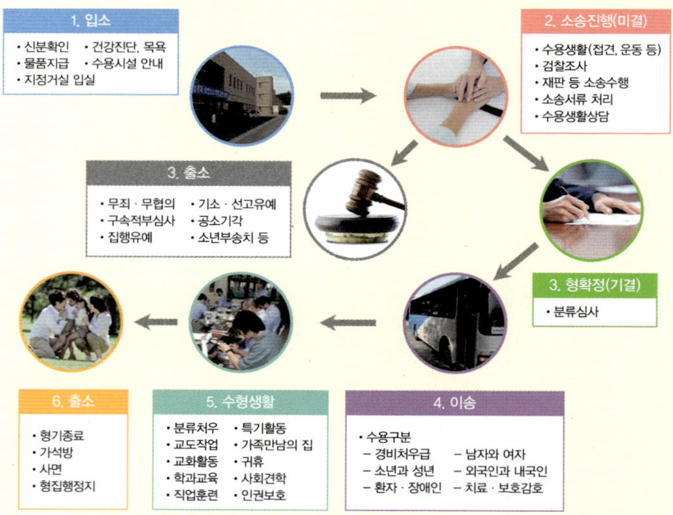

7. 집으로 돌아오시면 많이 달라져 있을까요?

유사한 질문

아빠가 오시면 예전처럼 행복하게 살 수 있을까요?

답변을 위한 조언

••• 상당수의 아이들이 교도소에 있는 부모를 만나지 못하는 것으로 알려져 있습니다. 조사에 의하면 절반정도는 수용된 사실조차도 모르며, 설사 알고 있더라도 부모를 만나러 교도소를 방문하는 경우는 많지 않습니다. 오랜 기간 동안 부모를

만나지 못한 채 성장기를 보내면서 아이들은 부모를 그리워하고 재회할 날을 기다리지만 한편으로는 다시 만나는 것에 대한 두려움을 가지기도 합니다. “아빠는 어떻게 변해 있을지? 아빠는 예전처럼 사랑해 주실지? 아빠가 또 교도소에 가시면 어쩌나?” 등.

재결합에 대한 준비는 미리 하셔야 합니다. 출소한다면 가족이 함께 살 것인지에 대해서도 미리 결정해야 합니다. 오랫동안 떨어져 지낸 가족이 재결합하는 것은 생활에 커다란 변화입니다. 새로운 변화가 시작되는 전환점에서는 부담과 스트레스가 따르기 마련이고 특히 새로운 생활에 적응이 덜 된 과도기에는 더욱 그렇습니다. 그래서 사전에 준비가 필요합니다. 만약 교도소에 수용되기 전에 함께 살지 않았는데 새롭게 가족이 함께 살 계획이라면 더욱 많은 준비가 필요하겠지요. 반대로 전에는 함께 살았지만 그동안 부모가 이혼하여 출소하더라도 함께 살지 못하는 경우 역시 이에 적합한 대비를 해야 합니다.

개별 가족들의 상황에 따라 다르겠지만 분명한 것은 변화에 대한 아이의 감정에 희망을 가지도록 하는 것이 좋습니다. 새로운 생활에 대해 아이를 안심시키고 막연한 두려움을 줄여주고 기대감을 심어주세요. 아울러 가족들이 직면한 상황을 사실대로 알리는 것도 중요한 일입니다. 변화된 환경에 적응하는데 도움이 되기 때문입니다.

이렇게 답변하세요

"잠시 동안 떨어져 지냈지만 아빠가 변하는 것은 아니란다. 아빠와 우리 가족이 너를 사랑한다는 점은 변함이 없고 아빠도 예전처럼 가족을 위해 최선을 다할 것이다."

"우리가 서로 노력한다면 예전처럼 함께 살 수 있다. 아빠가 우리를 사랑하는 마음은 달라지지 않았을 것이다."

"아빠는 오랫동안 작은 방에서 정해진 규칙에 따라 먹고 입고 하셨기 때문에 집에 돌아오셔서 적응하기까지는 시간이 좀 걸릴 것이다. 게다가 우리가 떨어져 지냈기 때문에 다시 가족으로 함께 생활하는 것에 익숙해지기 위해서는 서로 도와야 할 것이다."

“아빠가 달라졌을지 걱정하지 말거라. 집으로 돌아온 후 아빠는 사람들에게 법을 잘 지킬 수 있다는 것을 보여주어야 하기 예전보다 더 열심히 일하고, 규칙도 잘 지켜야 한단다.”

“아빠가 보호관찰처분 기간 동안 열심히 사시는지 확인하기 위해 사람들이 가끔 우리 집을 방문하기도 할 거야. 조금은 불편하겠지만 놀라지 않아도 된단다. 그 분들은 아빠의 생활을 돕기 위해 오시는 것이니까.”

8. 어떻게 하면 아빠를 도울 수 있을까요?

유사한 질문

제가 아빠를 도울 수 있는 일이 있을까요?

제가 어떻게 해야 아빠가 빨리 집으로 돌아오실까요?

답변을 위한 조언

••• 아이들은 비록 표현하지 않더라도 교도소에서 고생하고 계시는 부모를 위해 할 수 있는 일이 무엇일까 고민합니다. 부모를 염려하고 돕고자 하는 아이의 마음은 격려할 일입니다. 그리로 이러한 마음이 아이에게 열심히 살고자 하는

동기부여가 되기도 합니다. 다만 아이가 부모를 위해 뭔가를 해야 한다는 강박관념이나 자신이 뭔가를 하였을 때 교도소에 있는 아빠에게 좋은 일이 생길 것으로 생각하도록 하는 것은 전혀 권장할만한 일이 아닙니다. 이는 아이에게 심적 부담을 지우는 일이 되기 때문이다. 가족을 사랑하는 마음은 격려하되 무엇이 최선의 길인지에 대해서는 현명한 답변이 필요합니다.

이렇게 답변하세요

"네가 하는 일에 최선을 다해 열심히 사는 것이 아빠를 돕는 일이다. 아빠에게 무엇보다도 큰 힘은 네가 건강하고 씩씩하게 살고 있는 것이란다. 아빠가 미래를 위해 지금 열심히 준비하고 계시는 것처럼 너도 자신의 일에 충실히 하고 있으면 된다. 그러면 다시 만날 때 웃으면서 만날 수 있을 거야."

"물론 있지. 학교 열심히 다니고 친구들과 사이좋게 지내면 그것으로 충분하단다. 네가 아빠에게 편지를 자주 써 줄 수 있다면 더욱 좋지. 이런 일들은 아빠를 행복하게 해 주고 희망을 줄 것이고 지치지 않게 하는데 도움이 될 거야."

"네 할 일 잘하고 있다면 그것이 아빠를 위해 네가 할 수 있는 최고의 일을 하는 것이란다. 만약 시간이 된다면 동생 잘 돌보고 엄마 도와드리면서 위로해 드린다면 더욱 좋을 것이다."

9. 아빠를 만날 수 있나요?

유사한 질문

아빠를 교도소에서 만날 수 있나요?

아빠를 만나기 싫은데 꼭 교도소에 가야 하나요?

답변을 위한 조언

••• 대부분의 아이들이 교도소에 있는 부모를 만나고 싶어 합니다. 오랫동안 헤어진 부모를 보고 싶어 하는 것은 당연한 일입니다. 그런데 현실적으로 수용된 부모를 만나는 것이 쉽지는 않으며, 실제로 보호자 및 양육자는 아이의 교도소 방문을 꺼려

하기도 합니다. 아이가 부모를 만나고 싶어 한다면 아이의 생활에 지장이 가지 않는 범위 내에서 최대한 보장해 주어야 하는 것이 원칙입니다. 그러나 교도소에서 부모와 만나는 것을 아이가 진정으로 원하는지는 점검이 필요하며, 아이가 절실히 원하지도 않는데 굳이 무리해서 교도소 방문을 강요할 필요는 없습니다.

한편, 어떤 아이들은 부모가 교도소에 간 것에 대해 분노하여 만나기를 원하지 않습니다. 그만큼 상처를 깊게 받았기 때문일 것입니다. 이런 경우에는 반드시 이유를 물어보는 것이 필요합니다. 아이가 부모를 만나도록 성급하게 강요하지 말고, 마음이 변하여 부모를 만나고 싶다면 언제든지 만날 수 있다는 가능성을 열어 놓아야 합니다.

만약 부모의 수용사실을 아이가 모르고 있는 상태인데 부모를 만나기를 원하고 있다면 답변은 달라져야 할 것입니다. 이하의 내용은 아이가 부모의 교도소 수용사실을 알고 있다는 것을 가정하여 작성한 답변입니다.

이렇게 답변하세요

만나기를 원하는 경우

"네가 원한다면 아빠를 만날 수 있다. 만나고 싶으면 아빠가 계시는 곳으로 방문하면 되는데 방문시간이 정해져 있다고 하니 시간을 잘 맞추어서 엄마랑 함께 가자."

"물론 아빠를 만나서 얼굴도 보고 대화할 수도 있단다. 만나서 할 수 없는 이야기나 못다 나눈 이야기는 편지를 쓰는 것도 방법이다."

"아빠 계신 곳이 너무 멀어서 자주 가기 어렵지만 편지는 얼마든지 할 수 있다. 네가 원한다면 아빠를 만날 수 있게 도와줄게. 네가 아빠 만나는 것을 누구도 막지 않는다. 아빠를 만날 마음의 준비가 되면 언제든지 말하렴."

"아빠를 당연히 만날 수 있다. 하지만 그보다 먼저 네가 아빠를 만날 마음의 준비가 되어야 한단다. 네가 아빠를 담담하게 받아들일 준비가 되어 있을 때 만났으면 좋겠다."

만나기를 원하지 않는 경우

"네가 가고 싶지 않다면 이번에는 엄마만 다녀올게. 나중에 생각이 달라져서 아빠를 만나고 싶은 마음이 생기면 언제든지 말하렴."

"네가 원하지 않는다면 아빠 만나러 가지 않아도 된단다. 아빠를 만나고 싶지 않은 이유가 뭔지 말해 줄래?"

10. 아빠가 보고 싶은데 어떻게 해야 하나요?

유사한 질문

아빠는 언제 만날 수 있나요?

교도소를 방문하지 않더라도 아빠와 연락할 수 있는 방법은 있나요?

답변을 위한 조언

••• 아이가 부모와 관계를 유지할 수 있는 방법은 다양합니다. 양육자 및 보호자는 아이가 수용된 부모와 교류할 수 있는 방법에 관한 정보를 사전에 파악하는 것이 좋습니다. 비록 떨어져 지내더라도 관계가 유지되는 것은 수용된 부모와 아이

모두에게 어려운 시기를 견뎌내게 하는 큰 힘이 될 수 있습니다. 관계를 유지하는 것은 비단 대면하여 만나는 것에 한정되지 않습니다. 아이가 수용된 부모를 만나기를 원한다면 교도소를 방문할 수 있도록 돕는 것은 권장할 일이지만 이것이 여의치 않다면 대안적인 방법으로도 충분히 부모와 교류하게 할 수 있습니다.

수용된 부모를 만날 수 있는 가장 일반적인 방법은 교도소 방문을 통한 "일반접견"입니다. 아이의 교도소 방문은 성인이 동행해야 하며, 평일 일과시간으로 접견시간이 정해져 있지만 평일이 어렵다면 예약을 하여 주말을 이용할 수도 있습니다. 또한 "화상접견"을 한다면 수용된 부모가 있는 먼 곳까지 가는 번거로움 없이 가까운 교도소에서 화상으로 대화할 수도 있습니다. 만약 교도소 방문이 어렵다면 "전화통화", "개인 PC를 이용한 접견", "스마트 폰을 이용한 화상접견"등을 예약을 통해 할 수 있는데, 원칙적으로는 2급 이상의 수형자에게 허용되고 있습니다. 예약은 부모가 있는 교도소 접견민원실에 전화하거나 법무부 교정본부 홈페이지에서도 할 수 있습니다. 접견 횟수는 수용된 부모의 상황에 따라 다르며 일반접견, 화상접견, 전화통화, PC 접견 등 모두 횟수제한이 있습니다.

이외에도 현재 교도소에서는 수용자와 가족이 만날 수 있는 다양한 프로그램들을 제공하고 있습니다. 대표적으로 "가족만남의 날", "가족사랑캠프", "가족만남의 집", "귀휴" 등 을 들 수 있는데 이런 프로그램들은 수용자에게 적용되는 선정기준이 정해져 있습니다. 따라서 어떤 프로그램들이 있는지, 접견 가능한 날들과 시간, 횟수 등과 같은 교도소 규칙을 미리 알아두어야 하고, 참여대상자를 제한하고 있는 일부 프로그램들(화상접견, 가족만남의 집, 가족만남의 날, 가족접견실, PC를 이용한 화상접견, 귀휴 등)에 대해서는 수용된 부모가 대상이 되는지도 파악해야 합니다. 이에 관한 정보는 교도소에 전화통화 또는 법무부 교정본부 홈페이지를 통해 확인이 가능합니다.

이러한 모든 방법들이 예의치 않다면 "편지"(서신)를 적극적으로 활용하는 것을 권장합니다. 서신은 횟수, 시간, 장소의 제약이 없고, 경제적이며, 진지한 대화를 할 수 있다는 점에서 현재로서는 가장 많이 활용되고 있는 접촉방법입니다. 서신교환은 "일반접견" 등과 같은 다른 접촉방법들과 병행하면 더욱 좋습니다.

아이들이 부모와 얼마나 자주 만나느냐 보다 더 중요한 것은 교류가 정기적으로 이루어지는 것입니다. 이것이 아이의 심리적 안정에 도움이 됩니다. 어느 정도의 간격으로 만날지는 개별 가정의 상황에 따라 결정될 일입니다. 방문을 해야 하는 "일반접견"을 결정할 때는 아이가 부모를 만나기를 간절히 원하는지, 교도소 방문으로 인해 아이가 받을 충격은 없는지, 아이의 생활에 방해되는 점은 없는지를 사전에 살펴보아야 할 것입니다.

이렇게 답변하세요

접견 규칙에 관하여

"교도소에는 방문 규칙이 있단다. 아빠를 언제 만나고 몇 번이나 만날 수 있는지 정해져 있는데, 자세한 것은 교도소 민원실에 전화해서 알아볼게."

"면회를 할 수 있는 시간이 따로 있고, 한 달에 만날 수 있는 횟수도 제한되어 있단다. 아빠를 만날 수 있는 날은 지금은 1달에 3번이지만 아빠가 그곳에서 잘하고 있으면 더 많이 할 수도 있다."

"아빠를 만나고 싶으면 아빠가 계시는 곳으로 가면 된단다. 그런데 항상 볼 수 있는 것은 아니고 한 달에 4번만 가능하고, 만날 수 있는 시간도 8시 30분부터 오후 4시까지로 정해져 있다."

다양한 교류방법

"접견을 하면 얼굴도 보고 목소리도 들을 수 있지. 그것이 어렵다면 전화통화도 할 수 있는데, 아빠가 전화를 걸 수 있는 자격이 될 때 가능하단다. 또 귀휴, 가족만남의 날, 가족사랑캠프, 가족접견실을 이용해서 만나게 되면 가까이서 아빠와 손도 잡고 음식도 함께 먹을 수 있다고 하니 아빠가 이런 프로그램의 자격이 될 때까지 기다리자."

"지금은 안 되지만 아빠가 2급으로 올라가면 가까이에서 만날 수 있단다. 가족만남의 날, 만남의 집도 신청하면 허락되기도 한단다. 언제든지 편지를 쓸 수 있으니 자주 못 만나더라도 편지를 주고받도록 하자."

"아빠를 만날 수 있는 방법은 여러 가지란다. 접견, 가족만남의 집, 가족사랑캠프 등. 가족만남의 집과 가족사랑캠프는 날짜와 시간이 정해져 있고 신청을 해야 가능하단다."

방문하는 날에 관해 아이와 상의

"한 달에 한 번 마지막 주 금요일(또는 방학 때 마다)에 만날 수 있으면 좋겠다. 아빠가 보고 싶을 때는 편지를 쓰면 될 거야. 만날 때마다 한 달 동안(또는 한 학기 동안) 하고 싶었던 이야기를 서로 했으면 좋겠다."

"학교에 결석하지 않으려면 방학 동안이 좋겠다. 좀 더 자주 보고 싶으면 토요일에 뵈러 가면 된다. 토요일에는 조금 길게 대화할 수 있단다. 학교생활 열심히 하다가 토요일에 가보도록 하자. 토요일 접견은 미리 예약을 해야 한단다."

"일주일에 한 번씩 특정 요일을 정해서 만나자, 한 달에 3번, 금요일 오후 3시에 전화로 통화하자꾸나."

우체통 마다 따뜻하고 기쁜 소식을 가득 담고 있는 한
우리 사회는 더욱 더 밝아져 갈 것이다.

11. 아빠를 만나면 안아볼 수 있나요?

유사한 질문

아빠를 만나면 저를 안아줄까요?

답변을 위한 조언

••• 오랫동안 만나지 못한 아빠(또는 엄마)에게 아이가 안기고 싶은 마음은 자연스러운 욕구입니다. 그런데 교도소를 방문하여 아빠를 만났다고 해도 서로 안아볼 수 있는 것은 아닙니다. 접견의 규칙상 신체적인 접촉은 금지되어 있기 때문입니다. 아

빠를 만났는데 기대했던 것이 이루어지지 않을 때 교도소의 규칙을 이해하지 못하는 어린아이들은 아빠가 자신을 미워하거나 사랑하지 않는다고 생각할 수 있습니다. 혹은 제복을 입고 있는 교도관이 이를 방해한다고 생각하고 교도관이나 공권력에 대해 나쁜 기억을 가지기도 합니다.

스킨십이 허용되지 않는 일반접견의 규칙을 미리 알려준다면 아이가 실망하는 일은 예방할 수 있습니다. 만약 스킨십이 허락되는 접견(가족만남의 날, 가족사랑캠프, 가족접견실 이용 등)에 참여한다면 아이가 아빠의 사랑을 듬뿍 받을 수 있는 기회를 만들어 주면 좋습니다. 따뜻한 포옹은 아이의 마음속에 응어리진 그동안의 서러움, 섭섭함, 오해, 슬픔, 그리움 등을 한 순간에 녹일 수도 있답니다.

이렇게 답변하세요

일반접견을 설명할 때

"교도소는 특별한 곳이기 때문에 아빠를 안고 싶거나 아빠 무릎에 앉고 싶어도 그럴 수 없단다. 교도소 내의 규칙이 있기 때문이지."

"오늘은 아빠와 손을 잡을 수도 없단다. 유리창을 사이에 두고 만나기 때문이야. 그래도 아빠의 웃는 모습도 볼 수 있고, 아빠 얼굴을 보면서 하고 싶은 이야기는 얼마든지 할 수 있을 거야. 나중에 아빠가 집에 오시면 지금 못다 한 손도 잡고 즐겁게 보내자."

"지금은 아빠를 보고 대화만 할 수 있단다. 몇 달이 지나면 바로 옆에서 아빠를 만날 수 있는 기회가 올 거야. 아빠를 가까이서 만날 수 있는 기회가 왔으면 좋겠다. 그때는 가까이서 손도 잡아보고 맛있는 음식도 함께 먹을 수 있다고 하더구나."

친밀한 접견(가족만남의 날, 가족만남의 집, 가족사랑캠프, 가족접견실) 이용할 때

"아빠를 만났을 때 만지기도 하고 안아도 볼 수 있는 프로그램이 있단다. 가족접견실을 이용하거나, 가족만남의 날, 가족만남의 집, 가족사랑캠프, 귀휴 대상자가 되는지 알아보고 신청해 볼께."

"이번 토요일에 가도록 되어 있는 가족사랑캠프는 하루 종일 아빠랑 함께 지낸다고 하더구나. 교도소 강당에서 함께 게임도 하고 대화도 하고 함께 음식도 먹을 수 있단다. 오랫동안 만나지 못한 아빠와 만나는 것이 어색할 수도 있겠지만 아빠랑 손도 잡고 서로 안아주기도 하자."

12. 아빠는 교도소에서 안전한가요?

유사한 질문

아빠가 교도소에서 돌아가시면 어떡해요?

교도소는 무섭고 위험한 곳인가요?

답변을 위한 조언

••• 대부분의 사람들은 교도소에서 무서운 일이 일어나는 것으로 잘못 알고 있습니다. 특히 아이들은 교도소에 대해 더욱 민감할 수 있습니다. 텔레비전과 영화 등 매체에서 보여주는 교도소의 모습은 위험하기 그지없습니다. 아이들은 아빠가 무지막지

한 곳에 홀로 계신다고 생각합니다. 나아가 그러한 곳에 계시는 아빠가 다치지나 않을까, 그러다가 크게 아프거나 죽지는 않을까 불안해하기도 합니다. 그러나 교도소는 안전한 곳입니다. 따라서 교도소 생활이 안전하다는 것을 아이에게 사실대로 이해시켜 불필요한 걱정을 덜어 주어야 합니다.

아이에게 교도소가 얼마나 무서운 곳이고 아빠가 얼마나 고생을 하고 있는지를 강조하는 것은 적절하지 못한 일입니다. 물론 교도소는 편안하거나 쾌적한 공간은 아닙니다. 그렇지만 교정공무원과 시설의 장치에 의해 안전이 보장되며 건강을 충분히 유지할 수 있는 생활을 하는 공간이라는 사실은 분명합니다. 예를 들어 건강유지를 위해 목욕은 1주일에 1회 이상하며, 건강검진도 연 1회 이상(19세 미만은 6개월에 1회 이상) 실시하도록 하고 있습니다.

따라서 아빠에 대한 연민을 자극하기 위해 또는 아이가 바르게 성장하기를 바라는 마음에서 교도소는 무서운 곳이라고 겁을 주거나 교도소 생활을 나쁘게 설명하는 것은 아이에게 전혀 득이 되지 않습니다. 오히려 아빠의 안위에 대한 아이의 걱정만 늘게 하고 심적 불안정의 원인이 될 뿐 입니다.

교도소의 안전성에 대해서는 수용되어 있는 부모의 설명이 가장

설득력을 가질 수 있습니다. 따라서 수용된 부모는 아이와 교류할 때 (접견, 서신, 전화 등) 교도소 생활을 부정적으로 묘사하지 않아야 할 것입니다. 만약 자신이 교도소에서 얼마나 힘든 생활을 하고 있는지를 과장하여 표현하였다면 이는 현명하지 못한 행동입니다. 비록 가족과 함께 살 수 없고 자유는 제한되지만 교도소에서는 안전이 보장됩니다. 이것을 사실대로 알린다면, 아이들이 아빠의 안위에 대한 불필요한 걱정을 거두고 마음의 안정을 유지하는데 도움이 될 것입니다.

이렇게 답변하세요

보호자 및 양육자의 답변

"사람들이 생각하고 있는 것과는 달리 교도소는 안전한 곳이라고 하더라. 아빠의 교도소 생활은 물론 편하지는 않을 것이다. 그렇지만 교도소는 네가 생각하는 만큼 무섭거나 위험한 곳이 아니란다. 교도소는 사회로 다시 돌아올 때 열심히 일할 준비를 시켜주는 곳이라고 생각하렴."

"아빠는 안전하단다. TV에서 보듯이 교도소 방에서 싸움이나 폭력이 일어나는 것은 아니란다. 가족이 아닌 다른 사람들이랑 한 방에서 생활하는 것이 불편한 점이 많이 있겠지만 서로 양보하면서 생활한다고 하시더라. 아빠의 안전에 대해 걱정할 필요는 없을 거야"

"교정공무원들이 안전을 지켜주신단다. 그분들은 교도소에서 아빠와 다른 분들이 안전하게 생활할 수 있도록 해 주신단다. 몸이 아플 때는 진료실에서 약도 받을 수 있고 그곳에서 근무하시는 의사 선생님이 치료해 주시기도 한단다. 많이 아플 때는 인근의 병원으로 옮겨서 치료받을 수도 있단다."

수용된 부모의 답변

"교도소는 안전한 곳이란다. 영화나 드라마에서 나오는 무서운 장면과는 전혀 다르단다. 이곳에서 근무하시는 공무원들은 우리들을 알뜰히 보살펴 주고, 몸이 아플 때는 진료도 받고 약도 먹을 수 있다. 아빠의 생활에 대해 전혀 걱정할 필요가 없어."

"아빠는 교도소에서 잘 지낸다. 너와 비슷한 시간에 잠을 자고 밥 먹고 일도 한단다. 여기서 근무하시는 공무원들이 아빠의 안전을 책임져 주시니 걱정하지 않아도 된다."

"교도소는 위험한 곳이 아니야. 국가시설이기 때문에 오히려 안전하고, 교정공무원들께서 잘 관리하시기 때문에 위험한 일은 거의 발생하지 않는단다."

13. 교도소에서는 어떻게 사시나요?

유사한 질문

하루 종일 무엇을 하고 지내시나요?

답변을 위한 조언

••• 아이들은 교도소 생활은 특별히 다를 것으로 생각합니다. 그래서 수용된 아빠는 뭔가 다른 생활을 할 것으로 상상합니다. 교도소에 대한 잘못된 정보와 선입견을 가지고 있기 때문입니다. 아이들은 먹는 것, 입는 것, 자는 것 등 아주 기초적인 생

활에 대해서도 궁금해 하는데 이러한 궁금증에는 대부분 아빠에 대한 걱정이 동반되어 있습니다, 이런 아이에게 정확한 사실을 알려주지 않는다면 아이는 잘못된 정보를 계속 유지하거나 사실과는 다른 나쁜 상상을 하게 됩니다.

교도소 생활의 독특한 점은 사적인 생활이 제한되어 있다는 사실입니다. 무엇을 하거나, 어디로 가든지, 이를 선택할 수 있는 자유가 제한되어 있고 나아가 가족이 함께 살 수 없는 것은 분명 사회와는 크게 다른 점입니다. 그래서 교도소에서의 생활은 지루할 수밖에 없습니다. 그 외에는 일반사회 생활과 크게 다르지 않음을 아이가 이해할 수 있도록 답변하세요.

교도소 생활에 대해 궁금해 하는 아이에게는 나쁜 상상을 막아주는 것이 중요합니다. 규칙적으로 생활한다는 것, 일을 한다는 것(형이 확정된 경우), 출소 후 더 나은 생활을 하는데 도움이 되는 교육을 받는다는 것, 안전하게 보호받고 있다는 것을 사실대로 전달하면 됩니다. 만약 개별적인 상황에 맞게 추가하셔도 됩니다. 예를 들어 수용된 이유가 폭력사건에 연루된 경우라면, “사람들과 좋은 관계를 가질 수 있는 법을 배우고 계신다.”등과 같이 상세한 내용을 알려 줄 수도 있습니다.

만약 아직 재판이 진행 중이라면 구치소 생활은 형이 확정된 기결 수형자의 생활과는 다를 것인데, 이 경우 재판 이후의 과정에 대해서 간략하게 설명해 주는 것이 좋습니다. “재판을 받아야 하므로 변호사를 만나는 등 재판 준비도 하고, 재판이 있는 날은 재판정에 나가신다는 것, 재판이 없는 날에는 운동도 하시고, 접견도 하며 보내고 있다. 그리고 법을 어긴 정도에 따라 교도소에 얼마나 있어야 할지를 판사가 정하며, 형이 확정되면 아마 다른 교도소로 옮기게 된다”는 내용을 알려주면 됩니다. 이와 함께 접견 또는 서신을 통하여 수용된 부모가 직접 수용생활에 대한 아이의 궁금증에 답변해 주는 것은 권장할 만한 방법입니다.

아이에게 교도소 생활과 형사사법 절차에 관한 사실을 알리기 위해서는 보호자 및 양육자도 사전지식이 있어야 할 것입니다. 이에 관해서는 이 책의 Part III에 소개되어 있습니다. 아울러 교정본부 홈페이지(http://www.corrections.go.kr/) 를 참조하시면 이에 관한 정보를 얻을 수 있습니다.

이렇게 답변하세요

보호자 및 양육자의 답변

"집으로 돌아오시면 더 잘살 수 있도록 기술을 배우고 계신단다. 그곳은 시간이 여유롭기 때문에 책도 보고, 신문도 보고, 동료들과 이야기도 하시면서 보내지. 하루에 일정한 시간은 교도소에서 정해 준 일도 하신단다. 방에서 주로 계시지만 작업장, 운동장, 교육실에서도 보내시지."

"아빠는 그곳에서 정한 스케줄에 따라 운동도 하고, 일도 하면서 보내시지. 또 법을 어긴 것에 대한 반성의 시간도 가진단다. 그곳에서는 비교적 시간이 많으니까 우리들에게 편지도 자주 쓰시는 거란다."

"독서를 많이 하신다고 하더구나. 책은 교도소 도서관에서 빌려보기도 하고, 돈을 주고 사서 보기도 한다. 아빠가 원하는 책을 엄마가 사서 넣어 주면 그 책을 읽기도 하신다."

수용된 부모의 답변

"이곳 사람들은 책을 읽거나, 편지를 쓰고, 운동을 하기도 한단다. 법을 잘 지키는 교육을 받거나, 좋은 부모 되기 훈련, 술을 끊는 방법, 화를 조절하는 방법을 교육받기도 한다. 자신의 발전을 위해 노력할 수 있는 기회가 있는데, 예를 들어 상담, 치료, 교육, 직업훈련 등과 같은 기회가 주어지기도 한단다."

"방(거실이라고 함)에서 생활한다. 영화에서 보는 것처럼 좁고 어두운 지하 감방에서 사는 것은 아니다. 교도소에서 규칙을 어길 때만 독방에서 살고, 대개는 다른 사람들과 같이 기숙사의 방과 같은 곳에서 생활하게 된다. 그 방에는 세면대도 있고 현대식 화장실도 있다."

"이곳에서는 대부분의 사람들이 일을 한단다. 일을 하면 작업장려금이라는 것을 받는데 이것을 저축하고 있단다. 집으로 갈 때 생활자금으로 쓰기 위해서야. 그렇지만 낮 동안에 항상 작업장에서 일을 하는 것만은 아니다. 원하는 경우에는 중학교나 고등학교 교육을 받거나 종교 집회, 강연 등에 참여하지. 너희들에게 좋은 부모가 되기 위해 부모교육 프로그램에 참여하기도 하고, 좋은 성격을 가지려고 분노조절 프로그램 등과 같은 훈련 프로그램에 참여하기도 한다. 이곳 사람들이 즐거워하는 일은 운동시간, 목욕시간, 가족이나 친구가 오면 접견을 하는 일이다. 방에서는 책도 읽고, 편지고 쓰고, TV 시청도 하고, 성경책도 읽으면서 생활한다."

"아주 규칙적인 생활을 한단다. 여가시간에는 엄마와 회사직원, 너희들에게 편지도 쓰고 TV로 뉴스나 드라마와 영화도 보지. 무엇보다 우리 가족이 행복한 삶을 살 수 있도록 열심히 준비하고 있단다."

14. 식사는 어떻게 하나요?

유사한 질문

교도소에서는 무엇을 먹나요?

배는 고프지 않으실까요?

답변을 위한 조언

••• 식사를 포함하여 의식주의 기본적인 사항이 교도소에서 일체 제공된다는 사실을 아이에게 확인시키는 일은 단순하고 쉬운 일이지만 아이를 안심시킬 수 있는 중요한 일이기도 합니다. 자신이 원하는 시간에 원하는 음식을 먹지

못한다는 불편함이 다소 있지만 정해진 식사시간에 규칙적으로, 잘 짜여 진 식단으로 식사를 하므로 건강한 생활을 하고 있다는 사실을 있는 그대로 아이가 알 수 있도록 하면 됩니다. 식사장소는 대부분이 방이지만 교도소 내 식당에서 먹는 교도소도 있고 만약 출역(형 확정자에게 의무적으로 부과되는 작업)하고 있다면 출역장에서 먹기도 합니다. 교도소별로 전문영양사가 배치되어 있어서 영양사가 짠 식단에 따라 균형있는 식사를 하게 됩니다. 국과 반찬은 매끼 달라지며 음식이 만들어지는 모든 과정을 교정공무원이 감독합니다. 교도소에서 무료로 제공하는 식사 외에도 개별적으로 원하는 간식이나 식사를 영치금으로 구매하여 먹을 수 있고, 방문 온 가족들이 사식을 넣어주는 것도 허용됩니다. 사식이 가능한 목록은 교도소별로 접견민원실에서 확인할 수 있습니다.

이렇게 답변하세요

“교도소에서 제공하는 식사를 규칙적으로 하시니 걱정할 필요는 전혀 없단다. 기숙사나 군대에서 먹는 식사를 생각하면 된다. 정해진 시간에 규칙적으로 식사를 해서 건강한 식사생활을 하시지. 영양사가 매일 식단을 짜고, 위생적으로 조리된 식사를 같은 방 사람들과 함께 드신다.”

“하루에 세 번씩 정해진 시간에 배식이 된단다. 아빠가 있는 거실로 밥과 반찬이 배달되지. 정해진 시간에 하루에 세끼씩, 반찬은 한 번에 3-4 개까지 종류이고, 매끼 반찬이 바뀐단다. 공동취사이기 때문에 원하는 음식을 먹을 수 있는 것은 아니지만 제공되는 음식 외에 먹고 싶은 것이 있으면 구매해서 먹기도 한단다.”

“군대처럼 정해진 정확한 시간에 아침 점심 저녁이 나오는데, 취장에 근무하시는 영양사께서 몸에 필요한 영양소가 고루 들어있는 식단을 짠단다. 가끔 특식으로 자장면이나 국수가 나오기도 하지. 아무리 그래도 엄마가 해주는 음식을 가족이 함께 먹는 것에 비기지는 못하겠지."

15. 무엇을 입고 있죠?

유사한 질문

아빠는 그곳에서 정해진 옷만 입어야 하나요?

답변을 위한 조언

••• 모든 수용자들은 유니폼을 입도록 되어 있습니다. 교도소 생활은 집단생활이므로 의식주의 기본적인 사항들이 보장되고 그 내용은 동일하게 제공됩니다. 식사와 마찬가지로 의류도 단체로 제공받습니다. 세탁은 본인이 직접하며 위생상태가 유

지될 수 있도록 세탁시설이 마련되어 있습니다. 그러나 원하는 의상을 자유롭게 선택하기는 어렵고, 더러워진 옷을 충분히 세탁하기에도 한계가 있습니다. 교도소에서 제공하는 옷은 보통 얇은 푸른색 옷이고 겨울에는 춥기 때문에 보온을 위해 두툼한 옷을 껴입을 수 있습니다. 옷 색깔은 수용자의 등급이나 작업하는 유형에 따라 달라지기도 합니다.

그런데 옷도 음식처럼 직접 사서 입기도 합니다. 또한 가족이나 친구 등이 외부에서 넣어 준 옷을 입기도 하는데 이 때 외부에서 넣을 수 있는 영치물의 품목과 유형은 정해져 있으므로 미리 확인하는 것이 필요합니다. 영치물은 외부에서 교도소에 있는 가족에게 보내는 물건을 말하는데 일정 품목에 한하여 제한적으로 허용되고 있습니다. 교도소에서 음식과 의류를 제공하는 것 외에 외부에서 반입할 수 있도록 허용하는 품목으로는 대표적으로 의류, 이불, 안경 등을 들 수 있는데 이 책의 Part III에서 확인하시기 바랍니다. 아래에서도 이에 관한 〈참고〉 사항을 간략히 소개하였습니다.

이렇게 답변하세요

"아빠는 교도소에서 준 옷을 입으신다. 모두가 똑 같은 옷을 입고 생활한단다. 정해진 유니폼을 입어야 하기 때문에 원하는 옷을 입을 수는 없단다. 군대에서처럼 모두가 동일한 옷을 입지만 모범수가 되면 연녹색의 옷을 입을 수 있다 하더구나."

"그곳에서도 계절에 따라서 옷을 다르게 입는데, 봄과 가을에는 춘추복이 나오고 여름에는 하복, 겨울에는 동복이 나온다. 그곳은 여기보다는 더 춥기 때문에 겨울이 되면 솜이 들어 있는 옷을 넣어 드리려고 해. 그래야 아빠가 추위를 견디기가 좀 더 수월할 거야"

"옷은 빨아서 입을 수 있도록 세탁실과 빨래 너는 곳이 있단다. 일주일에 몇 번 정도는 빨래를 할 수 있고, 속옷은 매일 빨 수 있기 때문에 위생상태는 걱정하지 않아도 된다."

[참고] 교도소에서 지급해주는 물품

▶일상용품지급

수용자가 구치소, 교도소 등 교정시설에 입소하면 건강유지에 필요한 의류, 침구, 그 밖의 생활용품을 지급하고 있으며 건강상태, 나이, 부과된 작업의 종류, 그 밖의 개인적 특성을 고려하여 건강 및 체력을 유지하는 데에 필요한 음식물을 지급하고 있습니다.

또한 법무부장관 소속하에 중앙급식관리위원회, 각 교정기관에 지방급식관리위원회를 두고 영양과 조리에 관하여 동 위원회의 자문을 받는 등 수용자 급식관리에 최선을 다하고 있습니다.

(가) 급식기준

수용자의 주 · 부식은 1일 3회 쌀을 급식하며, 작업시간을 3시간 이상 연장하는 경우에는 주 · 부식 또는 대용식을 지급할 수 있습니다. 주 · 부식 급여열량은 1명당 1일 2천500 킬로칼로리를 기준으로 하며, 국경일이나 그 밖에 이에 준하는 날에는 특별한 음식물을 지급할 수 있습니다.

(나) 의류 등 일상용품

수용자에게는 일정한 의류와 침구 및 비누, 칫솔, 치약, 운동화, 후지 등 일상생활에 필요한 물품을 급여하거나 대여하고 있으며 필요한 경우에는 자비 부담으로 필요한 생활용품을 구입하는 것도 허가하고 있습니다.

※자료출처 : http://www.corrections.go.kr/HP/TCOR/cor_05/cor_5020.jsp

[참고] 영치물을 넣어 주는 방법

영치물은 교도소 밖에서 수용자에게 들여보내 주는 물건으로 허용되는 품목이 정해져 있습니다. 대표적으로 의류, 이불, 안경, 책 등이며, 영치물을 넣는 과정은 교정본부 웹사이트를 참고하세요.

(교정본부 : http://www.corrections.go.kr/)

16. 잠은 어디에서 자나요?

유사한 질문

잠은 어떻게 주무시나요?

아빠는 혼자 자나요?

답변을 위한 조언

••• 아이들의 흔한 걱정 중의 하나는 교도소의 방, 흔히 말하는 감방은 매우 어둡고 험할 것이고 그곳에 아빠가 혼자 있을 것이라고 생각합니다. 그런 곳에서 잠은 제대로 주무시는지, 휴식을 취할 수 있는 것인지 걱정이 되어 안심하지 못합니다. 아

이의 우려와는 달리 수용생활은 건강한 생활에 적합하도록 계획되어 있고 이를 위한 시설과 설비를 갖추고 있기 때문에 이런 걱정은 불필요한 일입니다. 대개는 교도소에 대한 부정적 인식이 초래한 걱정인 만큼 교도소에 대한 잘못된 정보를 교정해 주면 될 것입니다.

수용자들은 방(거실)을 공동으로 사용합니다. 크기에 따라 적게는 서너 명, 많게는 열 명 내외가 함께 생활하게 되는 방은 교도소에서 지정해 주며, 종교에 따라 본인이 희망하는 방에 배정되기도 합니다. 방에서 잠과 휴식을 취한다는 점은 사회에 있는 우리들의 생활과 별로 다르지 않습니다. 다만 여러 사람이 함께 방을 사용해야 한다는 점, 공동생활이기 때문에 다른 사람들과 화합할 수 있도록 규칙을 준수할 의무가 주어진다는 점, 잠자는 시간과 일어나야 하는 시간이 정해져 있어서 반드시 시간을 준수해야 한다는 점, 같은 방에서 생활하는 동료들과 배려하면서 살아야 한다는 점 등은 다소 불편할 수는 있습니다. 아울러 잠자리에 필요한 침구는 교도소에서 무료로 제공해 주며, 위생적이고 쾌적한 공간을 유지하기 위해 같은 방 사람들과 협력하면서 생활하고 있다는 사실을 아이에게 알려주면 됩니다.

이렇게 답변하세요

"그곳은 여러 사람이 한 방에서 함께 생활한단다. 방의 크기에 따라 서너 사람이 살기도 하지만 대개는 각방마다 일곱에서 열 명 정도가 함께 사용하지. 자기 방이 별도로 없는 것, 침대를 사용하지 않고 바닥에 이불을 깔고 주무시는 것, 그리고 자는 시간과 일어나야 하는 시간이 정해져 있다는 것이 여기와는 다르단다."

"각자 이불을 가지고 있단다. 겨울에는 추우니까 개인용 침낭을 깔고 잔단다. 이불은 교도소에서 정기적으로 세탁하여 교환하여 준다고 하더라."

"여러 사람이 함께 자기 때문에 여름에는 더워서 겨울보다 지내기가 조금은 어렵다더구나. 그래도 견딜 만하다고 하시더라."

"겨울에는 바닥에 깔린 전기 판넬 때문에 추위를 견딜 수 있다고 하더구나. 겨울에 충분히 보온되는 것은 아니지만 동상이 걸리거나 하는 정도는 아니니까 걱정하지 않아도 된다. 그리고 여러 사람이 함께 자니 덜 춥기도 하시지.

17. 아빠가 또 다시 이런 일을 할까요?

유사한 질문

출소한 뒤에도 옛날처럼 그러실까요?

아빠가 집으로 오신 후에도 또 죄를 지을까요?

답변을 위한 조언

••• 아이들은 부모와 헤어지는 것을 원하지 않습니다. 출소 후에도 아빠가 같은 일을 반복할지 모른다고 우려하는 것은, 또 다시 부모와 헤어지고 싶지 않기 때문입니다. 아빠가 집으로 돌아온 후 예전과 같은 일이 발생할 것 같은 불안은 아이에게 두

려움이 아닐 수 없습니다. 이전에도 비슷한 아픔을 겪었거나 아빠에 대한 불신감을 가지고 있는 아이들은 이런 불안감과 두려움은 더 심할 수 있습니다. 만약 아이가 이와 같은 생각을 표현하였다면 미래에 대해 부정적으로 상상하고 있거나 아빠에 대한 불신 때문일 수 있습니다.

미래는 장담할 수는 없는 불확실한 부분이 있으므로 단정적인 답변은 피하는 것이 좋습니다. 그리고 불확실한 미래를 부정적으로 예측하는 것은 더더욱 불필요합니다. 중요한 점은 부모와 헤어지는 일이 또 발생할지도 모른다는 아이들의 불안감과 두려움을 해소시켜주어야 한다는 것입니다. 미래에 대해 기대감을 가지도록 아이에게 희망을 주는 것도 마땅히 필요한 일입니다.

이렇게 답변하세요

"아빠가 나오신 후에도 다시 이런 일을 할지에 대해서는 우리로서는 모를 일이다. 그렇지만 아빠는 분명히 다시는 법을 어기지 않겠다고 결심하고 계실 것이다. 세상에 원래부터 나쁜 사람은 없단다. 아빠는 법에 어긋나는 옳지 못한 행동을 한 것이었고, 그것을 반복하지 않기 위해 교도소에서 교육을 받고 계시니 아빠를 믿어보자."

"교도소에 있는 사람 누구도 같은 일을 반복하겠다고 마음먹는 사람은 아무도 없단다. 아빠는 출소 후에 더 나은 삶을 살기 위해 그곳에서 열심히 준비하고 계신다. 아빠가 새로운 삶을 살 수 있도록 우리가 도울 수 있는 부분은 도와 드리자."

"아빠의 꿈은 그곳에서 나오면 가족과 함께 새로운 삶을 살고 싶다는 것이야. 아빠의 꿈을 이루는 데는 우리가 큰 힘이 될 수 있단다. 혹시라도 아빠의 꿈을 방해하는 세상의 유혹이나 어려움이 있어도 우리가 울타리가 되어 준다면 아빠가 옛날과 같은 일을 반복하지 않을 거야. 울타리는 가족 간에 서로 아끼고 사랑하고 신뢰할 때 단단해 질 수 있다고 생각해. 아빠가 돌아오시면 든든한 울타리를 만들도록 서로 협력하자."

우리가 선을 행하되 낙심하지 말찌니,
피곤하지 아니하면 때가 이르매 거두리라. (갈라디아서 6:9).

18. 저도 잘못하면 교도소에 가나요?

유사한 질문

잘못을 저지르면 누구나 교도소에 가게 되나요?

작은 잘못을 해도 교도소로 보내지나요?

답변을 위한 조언

••• 아이들은 대부분 수용된 부모가 큰 죄를 짓지 않았다고 생각합니다. 작은 잘못 때문에 교도소에 수용된 것으로 알고 있기 때문에 아빠처럼 만약 자신도 작은 잘못이라도 저지르면 교도소에 보내질 것으로 오해합니다. 아이가 이런 질문을 하였다면,

부모의 수용사실을 지나치게 축소하여 설명하였거나 변명 또는 미화시킨 것은 아닌지 점검해 볼 필요가 있습니다. 어른들이 사실을 숨기고 왜곡한 탓에 아이가 갖게 된 교도소에 대한 오해가 불필요한 불안감을 초래했을 수 있기 때문입니다.

현명한 답변은 교도소에 대한 아이들의 오해를 교정해 주는 일이어야 합니다. 교도소는 사회가 정한 법을 지키지 않았고, 그로 인해 타인에게 상처를 주거나 손해를 입힌 사람이 수용되는 곳이라는 평범한 사실을 아이에게 확인시키는 것이 필요합니다. 따라서 설사 사소한 실수나 잘못을 했다고 해서 걱정할 필요는 없으며, 부모나 선생님께 도움을 청하면 더 좋은 사람으로 성장할 수 있도록 도와 줄 것이라는 점을 알리면 됩니다.

이렇게 답변하세요

"사람은 누구나 크고 작은 실수나 잘못을 할 수 있단다. 그렇다고 모두 교도소에 가는 것은 아니란다. 네가 만약 잘못을 한다면 엄마나 선생님한테 혼나기는 하겠지만 아이들은 몰라서 그럴 수 있고 어려서 그럴 수 있기 때문에 잘못을 했다고 책임을 묻는 것은 아니란다."

"아니야, 혹시 잘못한 일이 생기면 바로 인정하고 사과하면 돼. 누구나 작은 실수나 잘못은 할 수 있단다. 어른들이 사회생활을 하면서 큰 잘못을 하는 경우가 아니면 교도소에 가지 않으니 그런 걱정은 하지 않아도 된단다. 교도소는 큰 잘못을 한 어른들이 가는 곳이란다."

"네가 잘못하는 일이 있으면 엄마는 게임을 며칠 못하게 하지. 또 학교에서 규칙을 어긴다면 선생님께 꾸중을 들을 수도 있고 깜지도 쓰겠지. 그렇지만 엄마나 선생님이 그렇게 하는 것은 너를 혼내기 위해서가 아니라 무엇이 옳은 일이고 하지 말아야 할 일이 무엇인지를 너에게 가르쳐 주기 위해서란다. 그런데 어른이 되어서도 법을 지키지 않으면 그 때는 성인이니까 자기행동에 책임을 지기 위해 교도소에 갈 수도 있단다."

"넌 아이이니 그곳에 가지는 않아. 네가 무엇을 잘못하면 다시는 반복하지 않도록 엄마나 선생님이 혼을 내시지만 교도소에 보내지는 않는다. 어른이 되어서도 법을 어기면 그 때는 교도소에 보내지지만, 너는 착하고 정직한 사람이니까 그럴 일을 없을 것이라고 믿는다. 그런 걱정은 안 해도 된단다."

19. 아빠가 집에 빨리 오실 수 있는 방법이 있나요?

유사한 질문

어떻게 하면 아빠가 빨리 오실까요?
아빠를 용서해 달라고 내가 판사님께 탄원서를 낼까요?
우리 집이 돈이 많으면 아빠가 집으로 올 수 있는 건가요?

답변을 위한 조언

••• 아빠가 집으로 돌아오시는 상상을 아이들은 하게 됩니다. 아빠가 돌아와 예전처럼 행복하게 사는 것은 아이들에게는 절실한 소망이지요. 그래서 어떻게 하면 소망이 이루어질 수 있을지에 대해 고민하게 됩니다. '아빠를 용서해 달라고 판사님께 빌

면 될까?' '우리 집에 돈이 많았다면 아빠가 빨리 오실 수 있지 않았을까?' 만약 아이가 판사님께 잘못했다고 빌겠다거나(탄원서), 법원에 돈을 내는 것(보석금)을 방안으로 말하였다면 그것은 어른들로부터 직접적 또는 간접적으로 이러한 방법들을 들었기 때문입니다.

집이 가난해서 무거운 형량을 받았다고 억울함을 탄식하는 어른들의 이야기를 아이들은 듣게 됩니다. 아이가 어리지 않다면 돈을 내면 불구속 상태에서 재판이 진행되는 보석제도에 관해 알 수도 있습니다. 아울러 수용자 가족이라는 이유로 억울한 일을 겪었거나 부모의 재판이나 옥바라지 과정에서 푸대접을 받은 적이 있다면, 아이들은 법은 불공평하고 사회가 정의롭지 못하다고 여기게 됩니다. 그리고 아빠가 교도소에 수용된 것도 이와 무관하지 않다고 보고 이를 해결하는 방법으로 탄원서나 보석금을 생각해 낼 수 있습니다.

아빠(엄마)와 헤어져 살아야 한다는 것은 슬픈 일임이 분명합니다. 그렇다고 할지라도 아이로서는 어찌할 수 없는 일입니다. 부모가 언제 돌아올지는 아이의 노력에 달린 것이 아니라는 점을 아이에게 명백히 인식시켜야 합니다. 그리고 아빠와의 재결합 시기는 법(또는 재판에서 내린 결정)이 정한 기간을 따라야 한다는 사실 또한 분명히 해야 합니다. 그렇지만, 만약 아이가 진심으로 탄원서를 쓰기를 원한다면 판사에게 편지를 쓸 수 있는 기회를 주는 것은 괜찮습니다. 그러나 이를 적극 권장하거나 탄원서의 효과에 대해 큰 기대를 걸게 하는 것은 현명한 일이 아닙니다.

이렇게 답변하세요

"아빠의 잘못은 네가 대신 잘못을 빈다면 용서받을 수 있는 일은 아니란다. 작은 실수나 잘못을 한 사람은 용서를 빌면 용서해 주기도 하지만 다른 사람을 다치게 하였거나 재산에 손해를 입힌 행동에 대해서는 용서해 주지 않고 책임을 지도록 법으로 정해져 있단다."

"아빠는 정해진 날을 당겨서 집에 올 수는 없단다. 가족들과 떨어져 살게 하는 것도 아빠에게 내린 벌이지만, 넌 아무 잘못도 없는데 아빠와 함께 살지 못하게 하는 것은 슬픈 일이지. 너한테 엄마도 미안하고 아빠도 몹시 미안해하고 계시지만 어쩔 수 없는 일이란다. 1년만 헤어져 지내는 것이니 기다리자."

"네가 원한다면 판사님께 편지를 써도 된다. 그렇지만 편지를 쓰지 않아도 판사들은 아이들의 입장을 이해하고 있을 거야. 너와 엄마의 처지를 탄원서에 써도 되지만 탄원서를 읽고 아빠를 용서해 줄 것이라는 기대는 안하는 게 좋을 것 같다."

"돈으로 아빠를 빨리 돌아오시게 할 수 있는 것은 아니란다. 아빠가 더 빨리 나오시는데 돈이 필요한 것은 아니기 때문이야. 보석제도라는 것이 있어서 돈을 지불하면 집으로 돌아오셔서 재판을 받을 수 있지만 그것으로 아빠의 죄가 면해 지는 것은 아니야. 보석으로 석방되었더라도 만약 재판에서 징역형이 결정되면 다시 교도소로 들어가셔야 한단다."

[참고] 보석제도

“보석제도”는 일정한 보증금의 납부를 조건으로 구속의 집행을 정지하고 구금을 해제하여 피고인을 석방하는 제도입니다. 보석상태로 재판을 받았는데, 실형판결을 받았다면 보석기간은 수용된 기간에 계산되지 않습니다. 또한 보석은 누구에게나 허용되는 것은 아니며 도주의 위험, 증거인멸 가능성, 다른 사람에 대한 위해가능성 등을 기준으로 보석의 허락여부를 판사가 판단하게 됩니다.

20. 아빠는 아직도 저를 사랑하나요?

유사한 질문

아빠가 저를 잊은 것은 아닐까요?

아빠는 저를 사랑하기는 하는 건가요?

답변을 위한 조언

••• 헤어진 기간이 길어질수록 아이들의 불안감은 다양한 형태로 나타날 수 있습니다. '아빠가 나를 잊은 것은 아닐까? 다시 예전처럼 살 수 있을까? 아빠는 내가 보고 싶기는 한 것일까? 여전히 나를 사랑하실까?' 등. 아이들의 이런 생각은 자연스

러운 일입니다. 만일 수용된 부모가 힘든 상황(재판 중, 재판결과가 나쁜 상황 등)에 있기 때문에 아이에게 신경을 덜 쓰고 있다면 아이는 부모의 사랑을 의심할 수도 있습니다.

더 슬픈 상황은 아이가 부모의 수용사실을 모르고 있을 때라고 할 수 있는데, 오랫동안 오지 않는 아빠는 자신을 사랑하지 않기 때문이라고 생각할 수 있습니다. 조사에 의하면, 우리나라에서 수용된 부모의 절반이상이 교도소 수용사실을 아이들에게 알리지 않는 것으로 알려져 있습니다. 어떤 아이들은 한부모(아빠 또는 엄마)와 살았고, 아빠(또는 엄마)가 경찰에 체포된 후에 혼자 남겨지거나 형제(자매)끼리만 남겨지게 되는 일입니다. 아무런 해명도 없이 갑자기 집에 오지 않는 부모를 기다리는 아이는 시일이 지날수록 부모에 대한 원망과 자신을 버렸다는 생각을 가지게 됩니다.

자식에 대한 부모의 사랑은 변함이 없다는 것을 아이에게 확인시켜 주세요. 부모가 어디에 있든, 어떤 상황에 있든지 부모의 마음은 항상 자녀에게 향해 있다는 평범한 진실에 대한 믿음은 아이를 덜 슬프게 할 뿐 아니라 힘든 상황을 견디게 하는 큰 힘이 될 것입니다. 한편 수용된 부모가 여러 가지 이유로 어려운 상황(예: 항소재판 준비 중)이라서 아이에게 소홀하고 있다면, 아이가 이해할 수 있는 범위 내에서 수용된 부모의 상황에 대해 알리는 것도 무방합니다.

이렇게 답변하세요

수용사실을 아이가 알고 있을 때

"아빠는 너를 변함없이 사랑하고 있단다. 지난 번 엄마와 접견할 때 네 말씀을 많이 하시더라. 너한테 미안하다고, 사랑한다고 전해 달라고 하셨다."

"아빠는 이 세상에서 너를 제일 사랑하신다. 아빠 마음속의 사랑은 예전과 다를 바가 없지. 이렇게 떨어져 있으니 오히려 더 보고 싶고 더 사랑해 주고 싶을 것이다. 너를 사랑하는 마음은 여전하시 단다."

수용사실을 아이가 모를 때

"아빠가 지금은 너를 만날 수 없는 어려운 처지에 있지만 너를 사랑하는 마음은 변함이 없을 것이다. 우리 아빠를 믿고 기다리자."

"너를 사랑하는 아빠의 마음은 절대 변하지 않는단다. 부모는 어떤 상황에 있든지 자식을 가장 많이 생각한단다. 아빠는 지금도 너를 생각하고 계실거야."

21. 화가 나요. 그래도 괜찮은 건가요?

유사한 질문

세상 사람들이 미워요.

화가 나서 참기 어려운데, 소리를 질러도 될까요?

답변을 위한 조언

••• 모든 감정은 그 상황 안에서는 자연스러운 것이라고 합니다. 나아가 자신의 감정을 억누르지 않고 표출하는 것은 마음의 건강에 이롭다고도 합니다. 아이들은 기다려도 오지 않는 아빠가 밉기도 하지만, 다른 한편으로 아빠를 교도소에 가둔 사람들

과 자신에게서 아빠를 빼앗아 간 세상에 대해 원망스러운 마음이 들기도 합니다. 가족에 대해 곱지 않은 시선을 보내는 세상 사람들이 미울 수도 있습니다. 아이들의 입장에서 바라보면 아이의 마음은 자연스러운 감정으로 이해할 수 있습니다. 그리고 이런 마음을 가슴에 묻어두지 않고 표현하였다면 아이의 상처받은 마음을 치유할 수 있는 계기로 삼을 수 있다는 점에서 다행스러운 일입니다.

아이에게 "참아야 한다.", "사람은 어떤 경우이든 화를 내면 안 된다.", "마음속으로 삭혀라.", "그래도 사람들을 미워하면 안 된다."등과 같은 말은 아이에게 도움이 되지 않습니다. 아이에게 감정을 자제하도록 강요하는 것은 더더욱 적절하지 못합니다.

이와는 반대로 아이의 생각에 "무조건적으로 공감하고 수용적인 태도"를 보이는 것은 매우 중요합니다. 아이가 내비친 마음속의 생각을 들어주고 공감해 주는 것은 위로에 그치지 않고 아이의 마음의 상처를 치유하는 길입니다. 아이는 자신의 편이 되어 준 사람 때문에 마음의 응어리가 풀리고 마음의 짐을 덜 수 있습니다. 나아가 자신이 신뢰할 수 있는 사람이 있다는 사실로 인해 힘을 얻을 수도 있습니다. 슬픔에 빠진 사람을 위로하는 방법은 슬픔을 끝내도록 재촉하는 것이 결코 아니라 상대방의 슬픔에 대해 공감하고 슬퍼할 수 있는 시간을 충분히 가질 수 있도록 격려하는 것이기 때문입니다.

따라서 아이가 감정을 표현할 수 있도록 권장하면서 편안한 여건을 조성해 주어야 합니다. 만약 치유가 필요할 정도로 심각하거나 과격한 마음을 가지고 있다고 할지라도 아이가 감정을 솔직하게 표현한 것은 좋은 징후입니다. 이러한 아이를 도울 수 있는 전문기관에 관한 정보는 이 책의 Part III에 소개되어 있습니다.

이렇게 답변하세요

"네 마음속에 어떤 생각이 들더라도 괜찮아. 너의 그런 마음을 충분히 이해한다. 사람들은 때로 화나기도 하고 슬플 때도 있단다. 네가 슬프면 울어도 되고, 화나면 화내도 되고, 미운 마음이 들면 그 마음을 표현해도 된다."

"네가 혼란스러운 것은 당연한 일이지. 아빠의 일 때문에 많이 놀랐지? 시간이 지나면 조금씩 괜찮아질 거야. 속상할 때는 언제든지 엄마에게 말하렴. 엄마 아니더라도 친구나 선생님, 또는 너를 이해해줄만한 사람에게 네 속마음을 시원하게 말하면 마음이 덜 아플 거야."

"엄마도 때로는 혼란스럽고 두렵고 슬프기도 하고 힘들 때는 화가 날 때도 있단다. 그러다가 너희들을 보면 기운이 나기도 하지. 너도 그런 마음들이 들 거야."

"네가 어떤 마음을 가져도 괜찮아. 화가 났을 때는 화를 표현해도 된단다. 다른 사람에게 위협이 되지 않도록 주의하면 되겠지. 다만 네 마음이 어떤지 엄마하고 대화를 먼저 하면 좋겠다. 엄마가 아니어도 친구랑 이야기를 나눈다든지, 너의 마음을 이해해 줄만한 사람들한테 이야기를 하면 도움이 될 거야."

22. 아빠를 미워해도 되나요?
아빠를 사랑해도 되나요?

유사한 질문

아빠가 미운데 그러면 저는 나쁜 아이인가요?

사람들이 아빠를 비난해도 저는 아빠를 사랑해도 되지요?

답변을 위한 조언

••• 아이에 따라 교도소에 있는 부모에 대한 감정이 다릅니다. 구금되기 전부터 부모-자녀가 어떠했는지, 가정이 화목했는지, 또는 아이의 성격 등 여러 요인들이 다르기 때문입니다. 어떤 아이는 수용된 부모에 대한 미움과 증오를 드러내는가 하

며, 어떤 아이는 여전히 최고의 아빠로 사랑하며 그리워하기도 합니다. 또 어떤 아이들은 감정이 일관되지 않고 상반된 감정을 시차를 두고 드러내기도 하는데 특히 감정 변화가 심한 청소년기의 아이들이 그렇습니다. 청소년기의 아이가 아니더라도 수용된 부모에 대한 미움과 사랑이 공존하는 양가감정을 아이든 어른이든 가질 수 있습니다. 때로는 미워하는 마음을, 때로는 그리움과 사랑의 마음을 가지게 되는 것은 자연스러운 일입니다. 중요한 것은 아이가 어느 유형에 해당되는지와 무관하게 양육자 및 보호자는 아이들의 감정을 있는 그대로 받아들이고 존중해 주어야 한다는 사실입니다.

아이들 중에는 교도소에 있는 부모에 대한 미움과 증오로 마음이 많이 상해 있을 수도 있습니다. 만약 아이가 아빠를 미워한다는 말을 한다면 수용 전부터 사이가 좋지 않았던 것이 원인일 수 있고, 범법행위를 한 것에 대한 실망이나 원망이 원인일 수 있습니다. 아이와 함께 살았을 때 좋은 아빠가 아니었거나 존경받거나 책임감 있는 가장이 아니었던 경우라면 아이는 아빠에 대한 좋지 않은 기억을 가지고 있을 수 있습니다. 이 때문에 생긴 원망과 미움이라면 어쩌면 당연한 일입니다. 그런데 아이의 감정을 무시하고 "아빠를 사랑해라. 아빠가 교도소에 가셨다는 이유로 미워하지 말자." 등 아이의 마음과 어긋나는 감정을 요구한다면 아이는 자신은 이해받지 못하고 있다는 생각을 하게 됩니다. 부모에 대한 미운 감정을 가질 때 아이의 마음 한편에서는 죄책감이 들 수 있어서 아빠를 미워하는 자신은 나쁜 아이는 아닌가 하는 생각도 하게 됩니다. 아이에게 도움을 주고 싶다면 아이의 마음을 그대로 인정해 주는 것이 좋습니다. 아빠가 밉거나 사랑하고 싶지 않다면 그렇게 해도 된다는 것, 나중에 시간이 지나서 마음이 변하면 그때는 아빠를 사랑해도 되며, 아빠에 대한 이 모든 감정은 아이의 마음에 달려 있음을 확인시켜 주면 좋습니다.

반면에 교도소에 있는 부모를 극진히 사랑하는 아이들이 있습니다. 이전부터 아빠와의 관계가 좋았던 경우는 물론이겠지만, 설사 수용 전에 좋은 아빠가 아니었더라도 아이들은 아빠를 사랑할 수 있습니다. 심각한 가정폭력(육체적, 정서적 폭력 등)을 당했던 기억이 있더라도 여전히 부모를 사랑하고 그리워하기도 합니다. 이런 아이에게 아빠는 사랑받을 가치가 없거나 사랑받아서는 안 되는 사람이라는 말은 피해야 합니다. 사랑하는 아빠에 대한 비난은 아이에게 혼란과 트라우마를 줄 수 있기 때문입니다. 일반적으로 자녀에 대한 부모의 사랑이 상황과 무관하듯이 부모에 대한 자녀들의 감정도 비슷합니다. 부모를 사랑하는 것을 아이가 망설이거나 주저할 이유는 전혀 없습니다. 오히려 어른들의 감정을 이입하여 아이로 하여금 부모에 대한 미움을 키우도록 하는 일은 옳지 않습니다.

이렇게 답변하세요

미워하는 마음을 가지고 있을 때

"지금 네 마음이 그렇다면 아빠를 미워해도 되고 사랑하지 않아도 된다. 나중에 시간이 지나서 마음이 변하면 그때는 아빠를 사랑해도 돼. 아빠를 사랑하고 사랑하지 않고는 네 마음이 정하는 거다."

"너의 감정에 솔직해도 된단다. 아빠를 사랑하고 싶지 않으면 사랑하지 않아도 괜찮다. 지금은 그런 마음이 들 수도 있어. 하지만 시간이 지나면 생각이 변할 수도 있을 거야. 자연스럽게 생각해라"

사랑하는 것에 대해 주저하고 있을 때

"물론 사랑해도 괜찮다. 아빠도 너를 사랑하니 너도 아빠를 사랑해도 된다. 네가 아빠를 사랑하는 것이 무엇이 문제겠니? 아빠는 가족이고 가족에게 사랑을 주는 것은 지극이 당연한 일 아니겠니?"

"엄마는 아직까지도 아빠에게 섭섭하고 용서가 되지 않지만 그것은 엄마의 감정이야. 너는 네 마음이 하고 싶다면 아빠를 사랑해도 된다. 아빠가 보고 싶을 때는 편지를 써서 네 마음을 아빠에게 전해도 괜찮다."

"아빠가 교도소에 있다고 다른 사람들이 아빠를 비난하더라도 너는 얼마든지 사랑해도 된다. 혹시라도 아빠 때문에 너를 비난하거나 창피를 주는 사람이 있다면 그 사람이 잘못하고 있는 것이라고 생각하렴."

"부모와 자식 간의 사랑은 그것을 방해할 어떤 이유도 없는 것이란다. 너처럼 아빠 때문에 마음이 아프지만 여전히 아빠를 사랑하는 아이들도 많단다. 네가 아빠를 이렇듯 사랑하듯이 아빠도 너를 정말로 사랑하고 있을 것이라 믿는다."

23. 도움이 필요한데 어떻게 해야 하나요?

유사한 질문

어디에 도움을 요청해야 할까요?

믿고 상담할만한 사람이 있을까요?

답변을 위한 조언

••• 도움이 필요하다고 생각되면 적극적으로 도움을 요청하세요. 혼자 힘으로 또는 가족들의 힘만으로 해결하기 어려운 일에 대해 도와 줄 수 있는 곳을 찾아보는 것은 당연한 일입니다. 부모가 수용된 동안 아이는 세상에 혼자 남겨져 있다는 생각을

하게 됩니다. 자신의 처지를 비관하여 도움을 청할 생각을 하지 못하며, 설사 그런 생각이 들더라도 어찌해야 할 바를 모르는 경우가 많습니다.

부모가 수용된 후 아이들에게 닥친 현실은 감당하기 어려운 일들이 동시다발적으로 발생한다는 것입니다. 부모와 떨어져 살아야 한다는 눈에 보이는 단순한 사실 외에도 다양한 형태의 어려움에 처하게 됩니다. 날로 심해져 가는 가난, 낯선 곳으로의 이사와 전학, 함께 살던 가족과의 이별, 돌봐주던 양육자의 변경, 혼자 방치되거나 의지할 곳 없는 외로움, 슬픔 · 우울 · 무기력과 같은 마음의 병 등 많은 어려움을 겪게 됩니다.

이런 문제들은 가족 내에서 해결하기 어렵기 때문에 외부의 도움을 필요로 합니다. 그러나 수용자 자녀 혹은 범죄인 가족이라는 사실이 드러나게 되는 것에 대한 두려움 때문에 도움을 청하는 것에 대해 주저하고 가족 내의 비밀로 숨기려 하는 사람들이 있습니다. 이렇게 하는 사람들의 상당수는 시간이 지나면 겪고 있는 문제들은 자연스럽게 해결될 것이라는 막연한 기대를 가지고 있습니다. 그러나 문제의 해답은 시간이 아닙니다. 시간이 경과된다고 해서 자연스럽게 해결되는 일이 아니기 때문입니다.

아이들은 누구나, 부모가 누구인지와 무관하게, 보호받고 존귀하게 대접받아야 합니다. 그렇기 때문에 부모가 교도소에 있는 아이들, 한부모가정 아이들, 소년소녀가장 아이들, 부모가 없는 아이들 등과 같이 사회적으로 보호가 필요한 아동에 대해서는 국가와 사회 성원 모두가 보호해야 할 의무를 가지고 있습니다. 정부에서는 제도적으로 보호가 필요한 아동이나 취약한 가정의 아동들을 위한 지원책을 마련하고 있으며, 이러한 일을 담당하는 민간단체들도 있고, 도움을 줄 수 있는 전문가들도 적지 않게 있습니다. 따라서 '아무도 우리에게 관심을 주지 않는다.' 혹은 '아무도 우리를 도와주지 않을 것이다'라는 생각 때문에 낙담하거나 세상과 담을 쌓는 것은 벗어나야 할 일입니다.

아이를 위해서 도움을 청하는 일에 용기를 내어 보세요. 양육자 및 보호자는 정보를 먼저 파악하여 무엇을 어떻게 도움을 받을 수 있는지 파악한 후 자녀에게도 권장하면 좋습니다. 나아가 아이에게 도움을 줄 수 있는 부분은 무엇인지 사전에 점검한 후에 아이와 연계해 주거나 이에 관한 정보를 아이에게 알려줄 수 있습니다. 아이가 적극적으로 이웃과 사회에 도움을 요청할 수 있도록 격려하는 것이 좋습니다.

이렇게 답변하세요

"고민이 있어 보인다. 혼자 끙끙 앓지 않았으면 좋겠다. 네 마음을 잘 이해해 주는 언니나 할머니한테 말해라. 너의 형편을 잘 알고 계시는 선생님(사회복지사, 상담사, 교회 선생님 등)에게 말씀드리는 것도 좋은 방법이다."

"엄마나 식구한테 네 마음을 털어 놓으면 어떨까? 만약 식구들에게 말하기 싫거나 식구들이 너한테 도움을 주기 어려울 것 같아서 말하기 싫으면 상담을 해 봐도 되고. 너처럼 아빠와 떨어져 있는 아이들을 도와주는 분들이 계신다고 들었다. 우리 사정을 잘 알고 있을 것이고 비밀을 절대 지켜주신다고 하니 연락해 볼까?"

"이 책자는 교도소 접견민원실에 비치된 것을 가져온 것인데 유익한 정보가 많더라. 꼭 읽어보고 연락해 보고 싶은 곳이 발견되면 나한테 알려주렴."

“너 고민을 들어 줄 수 있는 사람(들)에게 도움을 요청해도 된다. 너와 비슷한 처지의 아이들을 돕는 일을 하고 계신 분들이 있더구나. 내가 알려줄게. 그분들은 항상 네 편이고, 너와 나눈 이야기는 비밀을 지켜주는 분들이니 혹시라도 걱정할 필요는 없다.”

아이들이 마음의 짐에서 벗어날 수 있도록 돕는 일은
국가와 건강한 시민들의 몫일 것이다. UN아동권리협약 제 9조는 "부모와 이별한 아이들은
정기적으로 엄마 아빠를 모두 만날 수 있어야 한다고 명시하고 있다."
부모를 만날 권리와 면접권 보장을 위하여 (사)아동복지실천회 세움에서
2016년 실시한 수용자자녀 인권보호를 위한 인식개선 캠페인에서

PART Ⅲ

아이들의 어려움, 적절하게 도움주기

아이들의 어려움, 적절하게 도움주기

1. 알아두면 도움이 되는 규정들

수용생활은 정해진 규칙에 따라 생활하게 됩니다. 그 규칙들은 "형의 집행 및 수용자의 처우에 관한 법률"을 기본법으로 하여 동법 "시행령"과 "시행규칙"에 구체적인 사항들을 규정하고 있습니다. 사회에 있는 가족들이 담 안에 있는 가족을 수발하는 과정과 교도소를 방문하는 일련의 일들에서도 이 규칙들이 적용됩니다.

이하에서는 가족들이 궁금해 하는 교도소 관련 규정들의 주요 사항들을 모았습니다. 보다 상세한 내용은 다음의 인터넷 웹 사이트에서도 확인할 수 있습니다.

① 법령에 관한 정보 : 법제처 웹 사이트

- http://www.moleg.go.kr/main.html
- "형의 집행 및 수용자의 처우에 관한 법률", "형의 집행 및 수용자의 처우에 관한 법률 시행령", "형의 집행 및 수용자의 처우에 관한 법률 시행규칙"

② 수용생활 관련 정보 : 법무부 교정본부 웹사이트

- http://www.corrections.go.kr/
- 수용자 정보, 수용자와의 접촉 및 수용생활 지원에 관한 제반 정보들

(1) 일반접견

교도소 방문을 통해 담 안에 있는 가족을 만나게 되는 접견(일반접견)은 평일접견과 토요일 접견으로 구분되며, 일요일과 국경일 및 국가에서 지정한 휴일은 접견할 수 없습니다. 접견은 접촉차단시설이 있는 장소에서 실시하게 됩니다.

❶ 평일접견

접수시간

평일 오전 8:30 – 오후 4시

접견을 원하는 당일에 교정기관을 방문하여 접견민원실에서 접수.

접견절차

당일 접견의 경우

신분증을 지참하여 기관방문 → 접견민원실에 비치된 접견신청서를 작성하여 신분증과 함께 제출 → 대기번호 부여받고 대기 → 접견

접견 가능인원

1회에 3명 (최대 5인까지 가능, 미성년자녀는 성인과 동행)

예약 접견

- 예약신청(법무부 교정본부 홈페이지 전자민원서비스에 신청) 법무부 전자민원 서비스 홈페이지(https://www.moj.go.kr/Index.do)에서 신청하시거나, 교정민원 대표전화 ☎「1544-1155」를 이용하셔도 됩니다.

- 일반접견, 화상접견, 인터넷 화상접견 모두 예약접견이 가능합니다. 접견예약제도는 전화(1544-1155), 인터넷, 팩스 또는 직접방문을 통하여 접견예약을 하는 경우 미리 수용자를 접견실에 대기하게 하고, 민원인은 신분확인 후 접견순서를 기다릴 필요없이 바로 접견이 가능하므로 접견 대기시간을 단축할 수 있습니다.

- 예약접견을 통한 접견가능일은 예약일로부터 10일 이내이지만 예약자가 많을 경우 실재 접견가능일은 달라질 수 있으며,

1544-1155 교정민원대표전화에서 이를 안내해 줍니다.

• 인터넷을 통해서도 일반접견, 화상접견, 인터넷 화상접견을 예약할 수 있으며, 교정본부 홈페이지 접견예약 사이트를 이용하시면 됩니다.

http://www.corrections.go.kr/HP/TCOR/cor_07/cor_0701/cor_701050.jsp

접견 횟수

• 미결(재판 중) : 1일 1회

• 기결 (형확정) : S1급(1일 1회), S2급(월 6회), S3급(월 5회), S4급(월 4회), 노역(월 5회)

S1 : 개방처우급 S2 : 완화경비처우급

S3 : 일반경비처우급 S4 : 중경비처우급

1회 접견시간

• 접견 1회당 접견시간은 30분입니다. 소송을 진행하는 변호인과의 접견은 접촉차단시설이 없는 장소에서 실시할 수 있고 접견

1회당 접견시간은 1시간이며 1일 접견횟수에 포함되지 않습니다. 접견시간은 기관의 사정에 따라 10분 – 30분 정도입니다.

❷ 토요일 접견

접수시간

평일과 동일

대　상

가족에 한정됨

(수용자의 직계존비속, 형제자매, 배우자, 배우자 부모 및 형제자매)

조　건

불가피한 사유로 주중에 접견을 하지 못한 경우

토요접견 실시기관

11곳(성동구치소, 서울남부구치소, 화성직업훈련교도소, 여주교도소, 영월교도소, 통영구치소, 밀양구치소, 충주구치소, 천안개방교도소, 군산교도소, 해남교도소)이며, 나머지 39개 기관은 실시하지 않으므로 토요접견이 가능한지 점검해야 합니다.

(2) 화상접견

❶ 방문화상접견

"방문화상접견"은 가족이 인근 교정기관을 방문하여 원거리에 있는 수용자와 화상을 통해 접견하는 제도입니다. 교정시설 간에 설치된 전산망을 이용, 수용자 가족이나 친지 등이 인근 교정시설에 설치된 화상(컴퓨터 모니터)을 통하여 먼 거리에 있는 수용자의 모습을 보면서 직접 대화할 수 있습니다. 가족들이 수용자가 있는 먼 거리를 찾아가야 되는 불편해소 및 경제적 부담을 덜어주기 위한 목적으로 시행되고 있습니다,

접견대상 모든 수용자 이용 가능

접수방법

법무부 교정본부 전자민원서비스,

교정본부 대표전화 (1544-1155) 교정기관 방문통한 예약

화상접견 가능시간

오전 9시부터 오후 4시까지

접견횟수

일반접견 횟수와 동일하며 화상접견도 접견횟수에 포함됨.

화상접견 시 유의사항

- 총 접견 횟수에 포함됨.
- 동일 민원인은 1일 1명의 수용자만 화상접견을 예약할 수 있음.
- 화상접견 예정시간이 경과하면 접견예약이 취소될 수 있음.
- 예약한 접견을 불이행하면 접견예정일로부터 5일간 화상접견 예약이 불가함.

❷ 인터넷 화상접견

일반사항

인터넷 화상접견은 가정에서 인터넷 PC를 통해 수용자와 접견을 하는 방법입니다. 교정기관을 방문하는 번거로움 없이 민원인의 인터넷PC를 이용하여 원격지에 있는 수용자와 화상접견을 하고자 할 때 이용하는 서비스입니다.

접견대상

- 수용자 : S1, S2 급 수형자
- 가족 : 배우자, 직계혈족, 형제자매, 직계혈족 배우자, 배우자의 직계혈족, 배우자의 형제자매, 가족이 없는 수형자의 경우는 수형자와 결연을 맺었거나 가족에 준하는 사람으로 특히 필요한 경우.

준비사항

화상카메라 (웹캠), 마이크와 스피커 (또는 해드셋), 인터넷 연결된 PC.

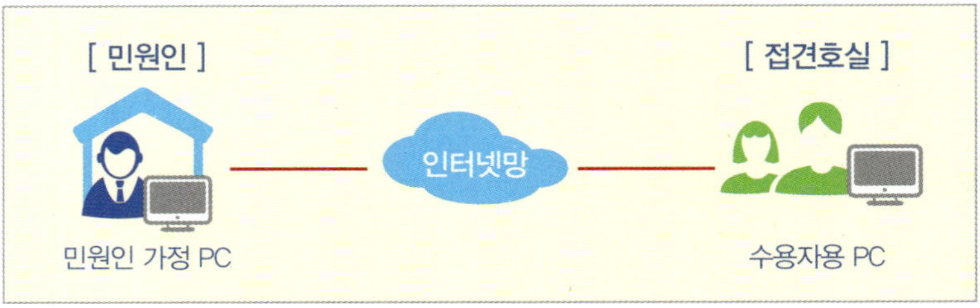

※ 자료출처 : 교정본부 웹사이트
(http://www.corrections.go.kr/HP/TCOR/cor_07/cor_0701/cor_701070.jsp)

(3) 편지교환 (서신 수발)

대면하여 만날 수 없는 경우에는 서신을 이용하시면 됩니다. 서신은 시간 및 횟수제한이 없고 물리적, 시간적으로도 자유로울 수 있을 뿐 아니라 상세한 내용이나 말로 표현하기 어려운 내용을 전달할 수 있다는 점에서 유용한 의사소통 수단입니다. 또한 서신은 대상자의 제한이 없어서 수용자와 교류를 원하는 모든 민원인이 해당됩니다. 서신은 일반 서신, 인터넷 서신이 있습니다.

❶ 일반서신

분량의 제한이 없고 수용자와 교류를 원하는 모든 민원인은 이용할 수 있음.

❷ 인터넷 서신

- 모든 민원인이 이용할 수 있음.
- 수용자는 인터넷 서신을 발송할 수 없으며 수용자는 민원인이

발송한 서신을 기관을 통하여 전달받게 되며 우편서신으로 답장을 하게 됨.

- 인터넷 서신을 원하는 민원인에 대해 교정본부 전자민원 서비스에서 실명을 확인한 후, 수용자의 수용기관, 수용번호, 성명 입력 후 인터넷 서신을 작성하여 발송하면 됨.
- 1일에 1통 씩 가능하며 분량 제한은 있음.

(4) 전화통화

(동법시행규칙 제 25조-29조)

전화통화의 허가

① 전화는 수용자가 거는 발신에 한한다.

② 전화통화의 통화시간은 특별한 사정이 없으면 3분 이내로 한다.

③ 전화통화 시간은 평일 근무시간에 한한다.

④ 원칙적으로 처우등급이 높은 개방처우급과 완화경비처우급 수형자에게 허용되며, 일반경비처우급과 중경비처우급은 처우상 특히 필요한 경우만 허용될 수 있다.

통화의 녹취

전화통화 내용은 교정공무원이 청취하거나 녹음하며, 만약 이에 동의하지 않으면 통화는 허락되지 않음.

통화요금의 부담

수용자의 전화통화 요금은 수용자가 부담함.

(5) 영치금(현금의 교부)

(동법 시행규칙 제 22조)

외부인이 수용자에게 금원(金員)을 교부하려고 신청하는 경우에는 현금 · 수표 및 우편환의 범위에서 허가되며, 온라인으로 수용자의 예금계좌에 입금도 가능합니다.

접수방법

- 교정기관 방문 : 교정기관 민원실에서 접수
- 우편 : 우체국 우편환으로 교환하여 발송하며, 이 때 수용자 번호와 성명의 기재 필요, 우송 금품의 전달여부는 교정본부 홈페이지에서 해당 교정기관 공지사항과 SMS문자 메시지로 확인 가능함.
- 온라인 입금 : 법무부 교정본부 전자민원서비스 이용
- 온라인뱅킹 입금 : 은행, ATM기, 인터넷뱅킹, 폰뱅킹 등 온라인 송금 시스템상에서 수용자 개인별 가상계좌로 입금할 수 있음.

유의 사항

- 무통장 입금 시 반드시 송금인의 성명 기재
- 수용자 가상계좌번호는 교정민원 대표전화(1544-1155), 수용된 교정기관의 민원실, 또는 수용자를 통해 확인할 수 있음.

영치금 잔액조회

법무부 교정본부 전자민원서비스

교정민원 대표전화(1544-1155)

(6) 가족만남의 날과 가족만남의 집

❶ 가족만남의 날

수형자와 그 가족이 교정시설의 일정한 장소에서 다과와 음식을 함께 나누면서 대화의 시간을 갖는 행사입니다.

선정기준

개방처우급(S1)과 완화경비처우급(S2) 수형자와 그 가족들이 참여할 수 있지만, 일반경비처우급(S3)의 수형자와 그 가족들도 필요시 참여가 허용될 수 있음.

❷ 가족만남의 집

수형자와 그 가족이 숙식을 함께 할 수 있도록 교정시설에 수용동과 별도로 설치된 일반주택 형태의 건축물로 교정시설 안에 설치되어 있습니다.

선정기준

개방처우급과 완화경비처우급 수형자와 그 가족들이 참여할 수 있지만, 일반경비처우급의 수형자와 그 가족들도 필요시 이용이 허용될 수 있음.

(7) 처우등급별 처우내용 차이

형이 확정되면(기결, 수형자) 처우등급에 따라 수용시설과 계호의 정도, 작업기준 등 처우수준이 달라지므로 가족이 "경비처우급"의 어디에 해당되는지를 아셔야 합니다. "경비처우급"에 따른 차이는 다음과 같습니다. 〈표 1〉은 형의집행 및 수용자의 처우에 관한 법률의 시행규칙 제 72조에서 제 90조의 내용을 요약하여 정리한 것입니다.

〈표 1〉 처우등급별 처우내용

내 용 \ 등 급	개방처우급 (S1)	완화경비 처우급 (S2)	일반경비 처우급 (S3)	중경비 처우급 (S4)
처우등급의 의미	개방시설에 수용되어 가장 높은 수준의 처우를 받음.	완화경비시설에 수용되어 통상적인 수준보다 약간 높은 수준의 처우를 받음.	일반경비시설에 수용되어 통상적인 수준의 처우를 받음.	중경비시설에 수용되어 기본적인 처우만 받음.
작 업	외부통근작업 개방지역작업	개방지역에서 작업을 하나 필요시 외부통근작업	구내작업을 하나 필요시 개방지역작업 가능	필요할 때에만 구내작업 가능
자치생활	가능	가능	불가능	불가능
접견 횟수	1일 1회	월 6회	월 5회	월 4회
접견장소	접촉차단시설 설치 없는 장소	접촉차단시설 설치된 장소	접촉차단시설 설치된 장소	접촉차단시설 설치된 장소
가족만남의 날	참여가능	참여 가능	제외, 필요시 가능	제외
가족만남의 집	이용 가능	이용 가능	제외, 필요시 허가	제외
전화통화 횟수	월 5회	월 3회	월 2회	월 2회
귀 휴	가능	가능	예외적 가능	불가능

(8) 교도소에서 지급되는 물품들

❶ 의류 (동법 시행규칙 제 5조)

수용자의 의복은 평상복은 겨울옷 · 봄가을옷 · 여름옷을 수형자용과 미결수용자용을 남녀용으로 각각 구분하고 있습니다. 또한 모범수형자, 외부통근자, 환자에 대해서는 다른 의복이 제공됩니다.

평상복

계절에 따라, 기결 또는 미결에 따라, 남녀에 따라 구분됨.

모범 수형자복

개방처우급에 해당하는 수형자가 작업 · 교육 등 일상생활을 하는 때, 가석방예정자가 실외생활을 하는 때 및 수형자가 사회봉사활동 등 대내외 행사 참석 시 소장이 필요하다고 인정하는 때 착용.

외부통근자복

외부통근자로서 실외생활을 하는 때에 착용.

환자복

의료거실 수용자가 착용.

❷ 침구 (동법 시행규칙 제 7-8조)

침구의 품목은 이불 2종(솜이불 · 겹이불), 매트리스 2종 (일반매트리스 · 환자매트리스), 담요 및 베개로 구분하며, 담요 및 베개는 모든 수용자가 사용합니다.

이불

가. 솜이불 : 환자 · 노인 · 장애인 · 임산부 등의 수용자 중 소장이 지급할 필요가 있다고 인정하는 자가 겨울철에 사용

나. 겹이불 : 수용자가 봄 · 여름 · 가을철에 사용

매트리스

가. 일반매트리스 : 수용자가 겨울철에 사용

나. 환자매트리스 : 의료거실에 수용된 수용자 중 의무관이 지급할 필요가 있다고 인정하는 사람이 사용

의류 · 침구 등 생활용품의 지급기준

① 수용자에게 지급하는 의류 및 침구는 1명당 1매로 하되, 작업 여부 또는 난방 여건을 고려하여 2매를 지급.

② 의류 · 침구 외에 수용자에게 지급하는 생활용품의 품목, 지급 수량, 사용기간, 지급횟수 등에 대한 기준은 〈표 1〉 〈표 2〉과 같음.

〈표 2〉 신입 시 생활용품의 지급기준

구분 / 품목	1명당 지급 기준	1명당 지급 횟수
치 약	50g	1
칫 솔	일반용(1개)	1
세면비누	50g	1
세탁비누	300g	공용
수 건	1매(75g)	1
화 장 지	3개(개당 50m)	1
생 리 대	18개(낱개)	1

〈표 3〉 신입이후 생활용품 지급기준

구분 / 품목	1명당 지급 기준	사용 기간 (월)	연간 지급 횟수 (회)
치 약	150g	1	12
칫 솔	일반용 (1개)	2	6
세면비누	140g	1	12
세탁비누	300g	2	6
수 건	1매 (75g)	2	6
화 장 지	4개 (개당 50m)	1	12
생 리 대	18개 (낱개)	1	12

❸ 음식 (동법 시행규칙 제 10-15조)

주식

쌀과 보리 등 잡곡의 혼합곡

부식과 특식

주식과 함께 지급하며 1명당 1일의 영양섭취 기준량을 기준으로 제공됨.

주식의 양

1명당 1일 390 그램

주 · 부식의 지급횟수 등

① 주 · 부식의 지급횟수는 1일 3회로 한다.

② 수용자에게 지급하는 음식물의 총열량은 1명당 1일 2천500 킬로칼로리 기준.

외부인의 음식 교부

(동법 시행규칙 제 22조)

접견 온 가족이 수용자에게 음식물을 교부하려고 신청하는 경우에는 교정시설 안에서 판매되는 음식물 중에서 허가됨.

(9) 자비구매와 영치품

(동법 시행규칙 16-17조)

생활에 필요한 기본적인 물품은 교도소에서 제공됩니다. 그러나 교도소에서 제공되지 않은 물품 또는 교도소에서 제공되더라도 자비로 개별적인 구매가 허락되는 물품이 있습니다. 수용자에게 영치된 돈이 있는 경우 자비로 구매할 수 있습니다. 사적으로 소지가 허용되는 물품들을 영치품이라고 합니다. 영치품의 허용내용은 다음과 같습니다.

자비구매물품의 종류

1. 음식물
2. 의약품 및 의료용품
3. 의류 · 침구류 및 신발류
4. 신문 · 잡지 · 도서 및 문구류
5. 수형자 교육 등 교정교화에 필요한 물품
6. 그 밖에 수용생활에 필요하다고 인정되는 물품

영치품 접수

안경, 칫솔만 외부반입이 가능하여, 그 외 품목은 구매품에 한해 영치품으로 접수 가능함.

영치품 소지 및 보관허가 기준 〈표 4〉 〈표 5〉와 같음.

〈표 4〉 영치품 보관 기준 : 의복, 속옷, 침구

품명		수량	허가기준
의복류	평상복	2	미결수용자에게 구매픔에 한하여 허용
	티셔츠	여름용 반팔 : 5 겨울용 긴판 : 3 춘추용 긴팔 : 3	구매품에 한하여 허용 (계절에 맞게 지급)
	반바지	2	구매품에 한하여 허용
속옷류	내의	겨울용 긴팔 : 3 춘추용 긴팔 : 3	구매품에 한하여 허용 (계절에 맞게 지급)
	러닝	10	구매품에 한하여 허용 (소모성 일용품)
	팬티	10	구매품에 한하여 허용 (소모성 일용품)
	양말	10	구매품에 한하여 허용 (소모성 일용품)
	브래지어	5	구매품에 한하여 허용 (소모성 일용품)
	속바지(7부)	3	구매품에 한하여 허용
이불류	여름이불	2	구매품에 한하여 허용
	담요	춘추용 : 2 겨울용 : 2	구매품에 한하여 허용 (계절에 맞게 지급)
	침낭	1	동절기에 한함 구매품에 한하여 허용

〈표 5〉 영치품 보관 기준 : 생활용품

품명		수량	허가기준
생활용품	칫솔	5	포장이 훼손되지 않은 일반형 칫솔에 한함 (소모성 일용품) ※전통칫솔 불허
	세탁비누	3	구매품에 한하여 허용 (소모성 일용품)
	세면비누	3	구매품에 한하여 허용 (소모성 일용품)
	수건	5	구매품에 한하여 허용 (소모성 일용품)
	시계	1	구매품에 한하여 허용
	전기면도기 (건전지용)	1	구매품에 한하여 허용
	목욕수건	1	구매품에 한하여 허용 (때타올 및 손거울 타올 등)
생활용품	안경	2	렌즈는 무색인 플라스틱 재질로 함. 안경테는 뿔테, 금속테, 무테, 반무테의 재질로 하고 은색, 금색, 검정색, 갈색 등의 색상을 하여 흰색은 금지함. 안경테 및 안경다리의 폭(지름)이 8mm 이내인 것에 한해서 허용. (단, 사용하던 안경의 경우 10mm 이내 허용) 돋보기 안경 및 투명한 플라스틱 안경집 1개 추가 가능. 안경다리가 금속재질로 그 표면에 코팅된 경우 허용. 돋보기 안경(안경 기준과 같음) 및 투명한 플라스틱 안경집 1개 추가 가능.
	덧버선	3	구매품에 한하여 허용
	운동화	2	끈이 없는 구매품 운동화에 한하여 허용
	장갑	2	구매품에 한하여 허용
	보온용 귀마개	1	동절기에 한함. 구매품에 한하여 허용
	보호대	2	금속이 포함되지 않은 보호대에 한함. 다만, 허리 무릎용 등 동시에 필요한 경우 1개로 인정 구매품에 한하여 허용

(10) 전자민원 서비스

전자민원서비스는 인터넷을 통해 가족들을 지원하는 서비스입니다. 가족들이 원거리에 있는 교도소를 방문하지 않고도 수용된 가족과 교류할 수 있도록 법무부가 제공하고 있는 대민 서비스입니다.

법무부 교정본부 웹 사이트 (http://www.moj.go.kr/Index.do)를 통해 이용 가능한 서비스는 영치금 온라인 입금 및 잔액조회, 일반접견예약, 인터넷 화상접견예약, 화상접견 예약, 인터넷 서신 등으로 다음 그림과 같습니다.

●로그인이 필요하며, 로그인 시 **공공아이핀 or 공인인증서**가 필요합니다.

●로그인이 필요하며, 로그인 시
1단계 실명인증 + **2단계** 공공아이핀 or 공인인증서가 필요합니다.

(11) 귀휴

(형의 집행 및 수용자의 처우에 관한 법률 제77조, 동법 시행규칙 제 129조)

귀휴란 수용 중에 휴가를 얻어 잠시 집으로 돌아오는 것을 이릅니다. 귀휴기간은 모두 형 집행기간에 포함한다. 귀휴의 허가기준에 관한 규정의 주요내용은 다음과 같습니다.

❶ 개방처우급, 완화경비처우급 수형자의 귀휴 허가사유

(동법 제 77조 1항)

소장은 6개월 이상 복역한 수형자로서 그 형기의 3분의 1 경과 (만약 21년 이상의 유기형 또는 무기형의 경우에는 7년 경과)하고, 다음 각 호의 어느 하나에 해당하면 1년 중 20일 이내의 귀휴를 허가할 수 있다.

1. 가족 또는 배우자의 직계존속이 위독한 때
2. 질병이나 사고로 외부의료시설에의 입원이 필요한 때

3. 천재지변이나 그 밖의 재해로 가족, 배우자의 직계존속 또는 수형자 본인에게 회복할 수 없는 중대한 재산상의 손해가 발생하였거나 발생할 우려가 있는 때

❷ 일반경비처우급 수형자의 귀휴 허가사유

(동법 시행규칙 제 129조 3항)

1. 직계존속, 배우자, 배우자의 직계존속 또는 본인의 회갑일이나 고희일인 때
2. 본인 또는 형제자매의 혼례가 있는 때
3. 직계비속이 입대하거나 해외유학을 위하여 출국하게 된 때
4. 직업훈련을 위하여 필요한 때
5. 「숙련기술장려법」 제20조제2항에 따른 국내기능경기대회의 준비 및 참가를 위하여 필요한 때
6. 출소 전 취업 또는 창업 등 사회복귀 준비를 위하여 필요한 때
7. 입학식 · 졸업식 또는 시상식에 참석하기 위하여 필요한 때
8. 출석수업을 위하여 필요한 때

9. 각종 시험에 응시하기 위하여 필요한 때

10. 그 밖에 가족과의 유대강화 또는 사회적응능력 향상을 위하여 특히 필요한 때

❸ 특별귀휴 (동법 제 77조 2항)

소장은 다음 각 호의 어느 하나에 해당하는 사유가 있는 수형자에 대하여는 5일 이내의 특별귀휴를 허가할 수 있다.

1. 가족 또는 배우자의 직계존속이 사망한 때

2. 직계비속의 혼례가 있는 때

(12) 가석방 (동법 시행규칙 제236조-245조)

가석방은 정해진 형기가 만료되기 전에 교정시설에서 석방되는 것을 말합니다.

가석방 선정기준

형기의 1/3을 경과하고(무기는 20년 경과), 교정성적이 우수하고 재범의 위험성이 없는 경우 가석방심사위원회의 가석방 적격심사를 거쳐 가석방이 결정될 수 있습니다.

가석방 후 사항

가석방이 결정되면 교도소에서 출소하게 됩니다. 그런데 가석방 출소자는 사회로 돌아온 후에는 일정기간 동안 보호관찰관에 의해 관리를 받도록 되어 있습니다. 보호관찰로 정해진 기간 동안에는 법을 잘 지킬 수 있다는 것을 보여주어야 하기 때문에 일정한 규칙을 준수해야 하고, 열심히 사는지 확인받기 위해 보호관찰관 또는 민간자원봉사자인 법사랑위원의 개별방문도 정기적으로 받아야 합니다.

"물에 비친 얼굴이 서로 같은 것같이 사람의 마음도
서로 비친다(잠언 27:19)"하였으니, 부모의 마음속에 품은 아름다운 희망과
당당한 자신감은 아이의 마음에도 그대로 자리 잡게 할 것이다.

2. 도움을 요청할 수 있는 곳

(1) 민간 전문단체들

〈표 6〉 수용자자녀, 가족지원 단체들

단체 이름	지원대상	주요활동	연락처
(사) 기독교세진회	수용자, 수용자자녀	종교집회(기), 불우수용자 가족 돕기, 교도소 가족캠프, 가족만남의 날, 경북지역 희망버스 운영, 소망편지쓰기, 자녀들을 위한 여름방학캠프	02-744-2022 http://www.sejin.org/
(사) 아동복지실천회 세움	수용자자녀, 수용자가족	수용자자녀와 가족지원, 자녀장학금지원, 수용자자녀 의료지원, 가정방문 및 양육자 상담, 수용자가족 경제적 지원, 교도소 가족사랑캠프	070-8163-0936 childseum@naver.com http://iseum.or.kr/
(사) 한국교정선교회	수용자, 수용자 자녀와 가족	종교집회(기), 수용자 영치금지원, 수용자 신앙간증수기 모집 및 시상, 교정선교 사도상 시상, 불우수용자 가족돕기 자선음악회	02-588-7146 http://cakcmc.org

(사) 한국 교정복지회	수용자	종교집회(기), 불우수용자 영치금 지원	02-766-7664 http://www.gyojung.kr/
(사) 한국 불교 교화복지 선도회	수용자, 수용자가족	종교집회(불), 불우수용자 영치금 지원	054-977-6222
(사) 새생명운동 본부	수용자	종교집회(기), 교정공무원영성훈련, 모범교정공무원 시상	032-671-0091
(사) 천주교사회교정사목위원회	수용자, 수용자가족, 출소자	종교집회(천), 불우수용자지원, 수용자 및 피해자 가족 지원, 출소자 주거 및 창업지원, 기쁨과희망은행(자립지원), 자원봉사자 교육	02-921-5093 www.catholic-correction.co.kr
(사) 교정 자원봉사 지원센터	수용자, 피해자	자원봉사자교육, 알콜사범교육, 범죄자 가해자 및 피해자 더 나아가 지역사회 관계회복	02-2602-0612 www.cvcenter.org
(사) 새희망교화센터	수용자	종교집회(기), 인성교육 및 영성훈련	042-541-0675
(재) 같이 함께	수용자자녀 수용자가족 출소자	수용자자녀 장학사업, 수용자가족 무료법률지원, 출소자 교육지원, 범죄피해자 및 불우수용자 자녀 장학지원	1577-7777 http://go-with.or.kr/

■ "아동복지실천회 세움"에서 아이들을 지원합니다.

(사)아동복지실천회 세움 사업소개

"세움"은 수용자 자녀와 가족이 당당한 세상을 만드는 아동복지 전문기관으로 가족의 수감으로 적절한 보호를 받지 못하는 아동과 남겨진 가족들을 지원하며 수용자 자녀가 건강하게 성장하고 그들의 인권이 존중되는 사회를 만듭니다.

"세움"이 하는 일

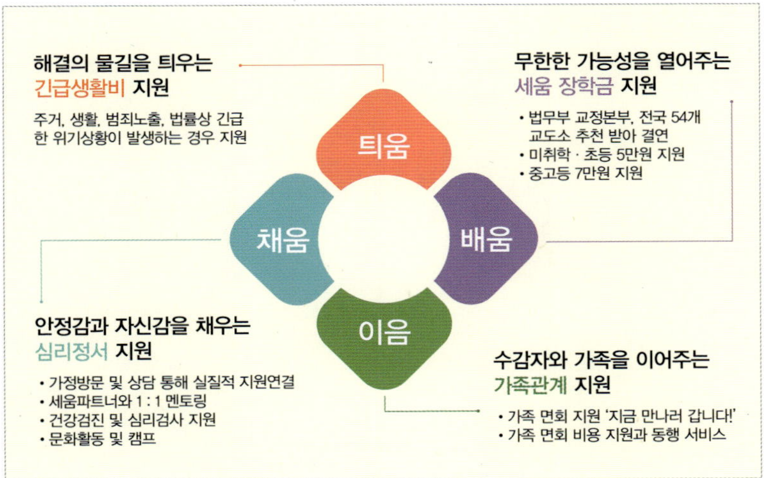

수용자 자녀와 가족의 경제적 지원 및 상담이 필요하신 수용자 가족은 언제든지 "세움"에 연락주시기 바랍니다. 세움은 수용자 가족과 자녀의 비밀친구. 기댈 어깨이며 상담내용은 비밀이 보장됩니다.

세움 주소

서울시 마포구 잔다리로 7안길 23번지 우전건물 501호

세움 연락처 070-8163-0936

이메일 childseum@naver.com

세움 홈페이지 http://iseum.or.kr/

(2) 정부와 지자체가 제공하는 프로그램들

❶ 건강가정지원센터

- 시군구에서 운영하는 건강가정지원센터는 지역주민을 대상으로 가족관계 증진, 자녀교육, 자녀문제 등 가족관련 전반적인 문제들에 대해 도움을 주고 있답니다. 특별히 취약한 가족의 역량강화사업에서는 수용자가족을 위한 별도의 프로그램을 운영하기도 합니다.
- 건강가정지원센터는 전국 지자체에 150 여개가 있는데, 대부분이 주민자치센터 또는 시청 등 공공청사 근처에 위치하고 있지요. 가까운 건강가정지원센터를 확인하세요.
  건강가정지원센터 대표전화 : 1577-9337

❷ 한부모가족 지원 프로그램

- 한부모가족지원법에는 부모가 교정시설 치료감호시설에 수용되어 있는 18세미만(학생이면 22세 미만) 자녀가 살고 있는 가족을 한부모가족(조손가정 포함)으로 지원하고 있습니다.
- 지원대상으로 선정되면 생계비, 교육지원비, 아동양육비, 복지자금대여, 고용지원, 임대주택이용(서울시와 LH 의 공동사업), 한부모가족복지시설(모자 또는 부자 복지시설, 미혼모자가족복지시설, 일시지원복지시설, 한부모가족복지상담소등)을 이용할 수 있습니다.
- "주민자치센터"를 방문하여 상담하세요. 만약 서울시민이라면 중앙 및 5개 권역으로 구분하여 수행하고 있는 "한부모가족지원 센터"를 이용하세요. 한부모가족지원센터 서울중앙(02-861-3020), 동북권(02-984-9195), 동부권(02-2204-9950), 동남권(02-2144-1190), 서북권(02-304-5020), 서남권(02-2065-3423).

❸ 아동청소년 상담 기관

• 상담이 필요하면 시군구에서 운영하는 청소년 상담 전문기관들을 이용하세요. 청소년상담복지센터, 청소년 상담지원센터, 청소년상담센터 등 명칭은 다르지만 청소년과 부모를 위한 전문적 상담서비스를 모두 제공한답니다.

• 서울시민이라면, "서울시 청소년상담복지센터"에서는 위기개입, 학교부적응상담, 또래상담, 청소년동반자 프로그램(찾아가는 전문가) 지원을 받을 수 있답니다.

• 사이버청소년상담센터 (www.cyber1388.kr:447/new/index.asp), 헬프콜 청소년 전화 1388를 이용하세요.

❹ 방과 후 돌봄 프로그램

※ 아이가 방과 후에 돌봐줄 사람이 필요한가요?

집 근처에 다음과 같은 기관들이 있는지 확인해 보세요.

■ 지역아동센터

• 방과 후 혼자 집에 남겨지는 일 없이 지역아동센터에서 안전하게 보호받을 수 있을 뿐 아니라 학습, 놀이, 석식을 제공받을 수 있답니다. 전국에 4,100여개가 있으니 편리하게 이용할 수 있는 지역아동센터를 찾아보세요. "지역아동센터 중앙지원단" 02) 365-1264, www.icareinfo.info 에서 확인하세요. 또는 지역에 있는 "시도지원단" (※아래 표의 연락처 참조)에 문의해 보세요.

지역	연락처	지역	연락처
서울	02) 2632-3125	경기북부	031) 595-7859
부산	051) 440-3020	경기남부	031) 236-2729
대구	053) 756-9799	강원	033) 255-1008
인천	032) 425-7327	충북	043) 287-9095
광주	062) 533-9976	충남	041) 557-2729
대전	042) 226-2729	전북	063) 274-5479
울산	052) 223-2729	전남	061) 272-7951
경남	055) 274-2730	제주	064) 756-5579
경북	054) 463-7275		

■ 초등 돌봄교실

• 교육부에서는 방과후에 "초등돌봄교실"을 운영하고 있습니다.

초등학생이라면 다니고 있는 학교에 초등돌봄교실이 설치되어 있는지 "방과후학교포탈시스템"(http://www.afterschool.or.kr.)에서 확인해 보세요. 만약 설치되어 있지 않다면 가까운 "지역아동센터"를 이용하세요.

■ **청소년 방과후 아카데미**

• 여성가족부에서는 초등학교 4학년에서 중학교 2학년을 대상으로 "청소년방과후 아카데미"를 운영하고 있답니다. 가까운 청소년수련관이나 문화의 집 또는 청소년상담지원센터에 확인하시거나 포탈시스템 http://www.youthacademy.or.kr 에서도 확인 가능합니다.

❺ 드림스타트

• 드림스타트는 시 · 군 · 구가 설치한 아동통합서비스지원기관이며, 전담공무원 및 아동통합서비스전문요원이 서비스를 제공합니다. 저소득층 초등생 지원 프로그램으로 기초 학습지원, 문화

체험, 아동발달 프로그램 등 다양한 프로그램이 마련되어 있다. 지원대상은 0세(임산부) ~ 만12세(초등학생 이하)인 아동과 가족으로서 국민기초수급 및 차상위계층 가정, 한부모가정(조손가정 포함) 등을 우선지원하기 때문에 수용자가정 자녀들은 대부분 이에 해당됩니다.

• 전국적으로 236개의 드림스타트 센터가 운영되고 있습니다. 우리 지역에 가까운 "드림스타트 센터"를 찾고 싶으면 드림스타트 홈페이지(www.dreamstart.go.kr), 또는 전화 02-6901-0289(98)를 이용하세요.

❻ 국민기초생활보장

• 아빠(엄마)가 교도소에 가신 후로 생활형편이 어려워졌지요? 생활이 어려운 국민들의 최저생활을 보장하기 위해 "국민기초생활보장제도"가 있답니다. 부양의무자가 교도소에 수용되고 경제적 형편이 어렵다면 생계급여, 의료급여, 교육급여, 주거급여, 자

활급여 등을 지원받을 수 있답니다. 주민자치센터를 방문하시어 사회복지전담공무원의 안내를 받으세요.

• 국민기초생활수급자는 국가와 지자체가 빈곤한 가정에게 지원하는 것으로 조건에 부합하여 선정이 될 때 생계급여 외에도 아이를 위한 교육급여, 주거급여, 의료급여 등 다양한 급여를 지원받을 수 있습니다.

❼ 아이돌보미 서비스

• 양육자들의 가장 힘든 상황은 아이양육과 생계 두 가지를 모두 책임져야 한다는 일입니다. 아이 돌봄에 어려움이 있다면 "아이돌보미 서비스"를 이용하세요. 배우자가 수용된 후 혼자서 직장과 아이양육이라는 두 사람 몫을 감당해야 하는 것은 분명 힘겨운 일입니다. 일하는 동안 아이를 돌보아 줄 사람이 적절하지 않으시다면 "아이돌보미 지원사업"에 도움을 청하세요. 돌봄이 필요한 가정에 찾아가는 정부서비스로서 만3개월~만12세 이하 아동의 가정에 아이돌보미가 직접 방문하여 1:1로 아동을 안전하

게 돌보는 서비스입니다.

- 일정소득 이하는 국가와 지자체로부터 비용을 지원받을 수 있으며 빈곤한 한부모가정은 우선대상이므로 실질적인 한부모가정인 수용자가정은 혜택을 받을 수 있습니다. 야간 · 공휴일 상관없이 원하시는 시간에, 필요하신 만큼, 이용하실 수 있습니다.

- 아이돌보미 서비스 웹사이트 (https://idolbom.go.kr/)를 방문하시거나 대표전화 1577-2514 로 상담하실 수 있습니다. 그리고 아이돌보미 사업의 시행기관인 건강가정지원센터에 전화상담 또는 방문해 보세요. 건강가정지원센터는 여성가족부 산하이며 전국적 150개여 개가 있으니 가까운 기관을 이용하시면 됩니다.

❽ 가정위탁 보호

- 아이양육을 친부모 외의 사람에게 위탁해야할 상황이라면 "가정위탁 서비스"에 문의하세요. 가정위탁은 친부모에게 사정이 있

어 양육이 어려운 경우 일정기간 위탁가정에서 아이를 보호 · 양육하도록 하여 아이가 건강하게 성장할 수 있도록 지원하고 다른 한편으로는 친가정이 가정기능을 회복될 수 있도록 돕는 아동복지서비스입니다. 아이를 가정위탁 하는 것은 친부모가 사정상 아이를 직접 양육하기 어려울 때 일정기간 동안 친부모 외의 사람에게 아이의 양육을 위탁하는 것입니다.

• 가정위탁으로 아이를 맡긴다고 해서 부모의 친권이 박탈당하는 것은 아니며, 부모의 사정이 풀려서 아이를 데려가기를 원한다면 아이를 데려 오는 것이 가능합니다.

• 위탁아동은 18세 미만의 보호가 필요한 아동으로 부모의 질병, 가출, 실직, 수감, 사망 등의 이유로 친 가정에서 양육이 어려운 경우에 일정기간 동안 아이의 양육을 친부모 외의 사람에게 위탁하는 것입니다. 한쪽 또는 양쪽 부모 모두 수용된 후 아이들끼리 독립가구를 형성하고 있는 소년소녀가정세대도 위탁아동의 지원혜택을 받을 수 있답니다.

• 위탁가정은 친부모의 역할을 다른 사람이 대신해 주는 것으로 조부모가 양육하는 "대리가정 가정위탁", 아동의 친인척이 양육하는 "친인척 가정위탁", 혈연관계가 없는 일반가정이 양육하는 "일반가정위탁"으로 구분되며 국가로부터 일정한 지원을 받을 수 있습니다.

• 중앙가정위탁지원센터 웹사이트 (http://www.fostercare.or.kr/) 를 방문하시면 상세한 정보를 얻을 수 있으며, 가정위탁보호 대표전화 1577-1406 와 중앙가정위탁지원센터 02-796-1406 에서 전화로 상담할 수 있습니다. 가정위탁의 신청을 위해서는 주민자치센터를 방문하셔야 합니다. 위탁가정과 위탁아동은 지역가정위탁지원센터로부터 전문적으로 관리 및 지원을 받게 됩니다. 위탁아동에게 제공되는 지원혜택은 다음과 같습니다.

위탁아동 지원 혜택

1 지역가정위탁지원센터의 상담 및 관리	2 양육비 (1인당 월 120,000원 이상)	3 국민기초생활보장법에 의한 생계비, 의료비, 교육비
4 상해의료비 및 보험료	5 심리치료	6 자립지원프로그램

※ 자료출처 : 중앙가정위탁지원센터 웹사이트 (http://www.fostercare.or.kr/)

❾ 가족희망센터

• 교도소에 계셨던 아빠(엄마)가 곧 집으로 돌아오실 것인가요? 행복한 재결합을 위해 도움이 필요하다면 한국법무보호복지공단이 운영하는"가족희망센터"의 문을 두드리세요. "가족희망센터"는 출소자 가족이 복원하는 과정에서 갈등이 있거나, 의사소통이 어려울 때, 심리정서적 어려움이 있을 때 가족상담, 가족캠프, 자녀학습지원 등 가족의 재결합을 지원하고 있답니다.

• 전국 각 지역에 있는 22개의 한국법무보호복지공단의 지부와 지소로 연락해 상담을 신청하세요. "가족희망센터" 홈페이지로 상담을 문의해도 됩니다. 가족희망센터 대표전화는 다음과 같습니다. 070-8708-1589/ 웹사이트 www.healingfamily.or.kr

구불구불 먼 길 걸어 도착한 곳에서는,
수고도 위로받고 기쁨 충만한 평안함도 누릴 수 있으면 좋겠다.

참고 문헌

Adalist-Estrin, A., *"Conversations: Questions Children Ask"*, Family and Corrections Network. Facts and Issues: CPL 103, 2003. (http://www.fcnetwork.org/cpl/cplindex.html).

Arizona's Children Association and the Pima Prevention Partnership, *"Arizona Family Members Behind Bars: Difficult questions children ask and answers that might help"*, KARE Family Center of Arizona's Children Association, AZ STARTS Collaboration Pima Prevention Partnership, 2011.

Foster, H. & Hagan, J. "Maternal and Paternal Imprisonment in the Stress Process," *Social Science Research* 42(3): 650–69, 2013.

San Francisco Partnership for Incarcerated Parents, *"Children of Incarcerated Parents: A Bill of Rights"*. San Francisco Partnership for Incarcerated Parents. 2003.

Sazie, E. & Ponder, D. *"How to Talk about Jails and Prisons with Children: A Caregiver's Guide"*, Oregon Department of Corrections Children of Incarcerated Parents Project. 2010.

박선영 · 신연희, 『수용자자녀지원에 관한 미국과 영국의 사례분석과 우리나라의 대응방안』, 한국형사정책연구원, 2012.

신연희, "부모가 교도소에 있는 자녀 및 자녀양육자들의 프로그램 욕구와 클라이언트중심 접근의 적용", 『교정담론』제8권2호: 281–306, 2014.

신연희. "부모의 교도소 수용에 따른 자녀들의 문제행동 관련요인", 『아동복지학』제51호: 219–149, 2015.

신연희, "부모 수용 후 자녀들의 가정환경에 관한 연구", 『교정담론』 제10권1호: 129–158, 2016.

신연희 · 변호순, "아버지의 수용과 자녀들의 문제행동: 재정불안정의 매개효과를 중심으로 본 미국의 사례", 『교정연구』제63호: 145–171, 2014.

[저자약력]

■ 신 연 희

(현) 성결대학교 사회복지학부 교수

이화여자대학교 박사 (가족사회학)

(전) 법무부 교회사

사회복지사, 청소년상담사

아이 곁에 아빠가 안계실 때

1판 1쇄 인쇄 2017년 1월 2일
1판 1쇄 발행 2017년 1월 6일

저　　자 – 신 연 희
사　　진 – 유 병 권
발 행 인 – 강 철 원
발 행 처 – 양 성 원
주　　소 – 경기도 파주시 월롱산로 71(야동동)
전　　화 – 031-946-3861(代)
팩　　스 – 031-946-3864
이 메 일 – tnwpub@naver.com
출판등록 – 2015년 8월 31일 제2015-000211호

ISBN 979-11-87118-45-9

정가 15,000원